常識として知っておきたい日本語ノート

齋藤　孝

青春新書
INTELLIGENCE

はじめに

日本で最も価値がある文化は何か。

こんな質問をされたら、読者の皆さんはどう答えますか？

アニメ、着物、落語、和食、茶道、温泉……。おそらく、いろいろな答があると思います。どれも確かに日本を代表する素晴らしい文化に違いありませんが、私が同じ質問を受けたら、答は一つしかありません。

「日本語」です。日本で最も価値があるのは日本語という言語であると考えています。日本語には、日本人がこれまで培ってきた感覚や思考が詰め込まれています。つまり、日本語は、日本の歴史そのものであるともいえます。

日本語を正しく理解し、使うことによって、私たちは日本の文化を自分の技として身に付けることができます。

私は以前、「No Japanese, no Japanese.」というフレーズを考えたことがあります。

「No music, no life.」といえば、タワーレコードの有名なキャッチコピー。これをもじった言い回しです。「Japanese」には日本語・日本人という両方の意味があるので、翻訳すると「日本語なくして日本人なし」ということ。言語と民族は切り離すことができない、という思いを込めています。

「日本に生まれて普通に日本語を読み書きしているのだから、日本語ができて当たり前なのでは？」と思う人がいるかもしれませんが、必ずしもそうとは言い切れません。確かに私たち日本人は普段から日本語を使いこなしていますが、**質の良い日本語を正しく使いこなせているかというと、ちょっと疑問です。**

例えば、私は幸田露伴《こうだろはん》の『五重塔』という作品を、音読用に大きな文字にして、すべて振り仮名を付けて刊行したことがあります。この本を10ページくらい音読していただくと、「あれ!? 私はここに書いてある日本語の半分くらいしか知らない」などと気づく人が多いのではないかと予想します。

幸田露伴クラスの達人の日本語力と比較すると、一般的な日本人の日本語レベルは2〜

3割程度（あるいはそれ以下？）ではないかと思うのです。

私はインターネットで、1日に300以上のレビューやコメントをチェックします。アーティストがYouTubeに動画をアップしたときなど、楽曲そのものを楽しむだけでなく、コメント欄まで念入りに読み込みます。

そこには秀逸なコメントがたくさん書き込まれています。ポイントがクリアで詳しく、しかも笑える発言が多く、いつも共感しながら読んでいます。

ところが、そういったコメントの中に、少なくない割合で日本語の誤表記を発見することがあります。誤字脱字、単純な漢字の変換ミスのほかに、助詞の使い方が間違っているのを目にすることもしばしばです。助詞を一つ間違えたせいで、文意がまったく違うものになったりしています。

テレビの字幕やネットニュースでも、誤表記をたくさん見かけます。

間違っていても意味が通じればいいという考え方も、わからないではありません。

言葉は時代とともに変化しています。

例えば、近年は「的を得る」という言葉を使う人が増えてきました。もともとは「的を射る」が正しい言葉なのですが、「当を得る」という言葉と混同されて使われるようになったと考えられます。

いつかほとんどの人が「的を得る」と言うようになれば、それが正しい表現として定着することでしょう。言葉にはそうやって誤用が認められてきた歴史があります。ただし、現時点では「的を得る」は誤用とされていて、人前で使うと恥をかくことになります。**的確な内容のコメントをしても、こういう言葉の間違いを犯すと「センスはいいけど、教養が足りない人なのね」と受け止められてしまうわけです。**

人間ですから、少しぐらい言い間違いをすることはあります。ただ、回数が多くなってきたり、正式な文書で間違えると信用を失います。

政治家にも、日本語の誤用によって立場、信用を失った人がいます。日本語のミスであるにもかかわらず、根本的な人格の問題であると思われてしまう。単なる日本語の知識が、人格問題にまで拡大してしまう。

この程度のことも知らないようでは、人として信用できない……言葉の間違いは、そう思わせてしまうのです。

また、日本語を誤って使うと、自分が恥をかくだけでなく、相手にダメージを与えてしまう恐れもあります。私は以前、「維持を見せます」と、手書きで書かれたものを受け取った経験があります（正しくは「意地を見せます」）。間違いのインパクトが強烈すぎて、もはや肝心の内容が頭に入ってこなくなってしまうのです。お互いに、こういう間違いを減らしていきたいものです。

本書では、敬語や漢字を含め、特に間違いやすい日本語をピックアップし、正しい言葉の使い方を解説しています。

前述したように、日本語を使っていれば日本語のレベルが自然と上がるわけではありません。日本語力を高めるにはそれなりの努力が必要です。

まずは、**恥ずかしい間違いを減らす**ことが第一の目標です。

そして次に、**語彙を増やす**ことを目指していただきたいと思います。私たちが普段の会話で使っている言葉の数は、本や新聞などの活字に使われているもののうち、ほんの一部にすぎません。語彙は増やそうと思えば、いくらでも増やすことができます。

語彙力が身につくと、一つのシチュエーションに対して、少しずつニュアンスが異なる複数の表現の中から、文脈にぴったり合う言葉を選んで使えるようになります。

優れたワードセンスがある人は知性・教養があると見なされ、周囲から一目置かれます。

恥をかかない日本語力、教養が感じられる日本語力。

こうした日本語力を身につけるトレーニングブックが、この『常識として知っておきたい日本語ノート』です。ノートのようにポイントを次々に列挙しますので、テンポよく読み進めてくだされば幸いです。

ぜひ、日本語のセンスを磨いて、ますますご活躍ください。

常識として知っておきたい日本語ノート　目次

2章　「意味・使い方」の間違い　35

3章 「敬語」の間違い　59

6章　「漢字」③変化してきた読み方　125

7章　変化してきた言葉　145

8章　「ことわざ・故事成語」の間違い　159

1章

「混同」の間違い

日本語の誤用の中には、二つの言葉が混同されることによって生まれる間違いが多くあります。
似たような音の言葉や、同じ漢字を使った別の言葉に引きずられて、いつの間にか間違った言葉を覚えてしまうパターンが代表的です。

例えば、次の言葉の間違いを正しく指摘できますか？

汚名を晴らす
喝采を叫ぶ
雪辱を晴らす
口先三寸
期待倒れ

この章では、混同による間違いをチェックしていきましょう。

✕ 残念！

お客様のご指摘は、すべからくもっともだと思います。

ここが間違い

「すべからく」は、漢文で動詞の前につき「ぜひ……すべきだ」を意味する「須」を訓読した言葉であり、漢字では「須く」と表記します。

多くの場合、下に「べし」を伴い「ぜひとも」「当然」の意味で使われます。

発音が似ているため「すべて」という意味で誤用されがちですので、注意しましょう。

「すべからく」を使うなら

学生は、すべからく勉強すべきだ。
すべからくルールを守るべきです。
大人は、すべからく子どもを守るべきだ。

〇 正しい日本語

お客様のご指摘は、すべてもっともだと思います。

「すべて」の言いかえ例

徹頭徹尾
始めから終わりまで

✕ 残念！

次々に店が閉店し、商店街は、くしの歯が抜けたようだ。

ここが間違い

本来は切れ目なく続くはずなのに、ところどころ抜けているさまを表す慣用句は「くしの歯が欠けたよう」。「抜けた」は誤用です。まばらで不ぞろいなさま、あるはずのものがなくてさびしい様子を意味する「歯の抜けたよう」という慣用句との混同に要注意です。

ちなみに「くしの歯をひく」は、人の往来や物事がひっきりなしに続くことをたとえた言葉です。

ここでの「ひく」は、くしの歯をのこぎりで挽《ひ》いて作るときの「挽く」。「取り去る」という意味の「引く」と誤解して、物事が抜けている様子を表現するときに使わないようにしましょう。

○ 正しい日本語

次々に店が閉店し、商店街は、くしの歯が欠けたようだ。

✕ 残念！

大口顧客の獲得に成功し、喝采を叫んだ。

ここが間違い

「喝采」は声を上げてほめそやすこと。昔の中国で、かけ声をかけてサイコロを投げたことが語源とされています。

声を上げてほめることは「喝采を送る」、逆にほめられることを「喝采を博する」といいます。

一方、「快哉《かいさい》を叫ぶ」は「喜びの声を上げる」「心から愉快だと思う」という意味の慣用句。

「快哉」は、「快なる哉《かな》（こころよいことかな、の意）」を音読みした言葉であり、音が似ている「喝采を叫ぶ」を使うのは間違いです。

「喝采」を使うなら　会心の出来で、拍手喝采を浴びた。

○ 正しい日本語

大口顧客の獲得に成功し、快哉を叫んだ。

✕ 残念！

ここが間違い

絶対王者の登場で、いやが応でも盛り上がった。

「否《いや》が応でも」は「何がなんでも」「有無を言わせずに」の意味があります。「いや」は相手の言葉に対する否定や不承知を表す感動詞（間投詞、感嘆詞ともいう）であり、「おう」は承諾を表す感動詞。要するに「イエスもノーもない」ということです。

これに対して「いやが上にも」は「すでにそうであるのに、ますます」という意味です。ちなみに「いやが上にも」の「いや」は「弥」と書きます。

お祝いの席で「ご両家の弥栄《いやさか》（ますます栄えること）をお祈りします」などと挨拶をすれば、いかにも教養ある人という感じになります。

「いやが応でも」を使うなら　このオファーは、いやが応でも引き受けていただきますよ。

〇 正しい日本語

絶対王者の登場で、いやが上にも盛り上がった。

ビジュアルでイメージする

言葉の用法を覚える方法の一つに、「語源のビジュアルをイメージする」というものがあります。

例えば「図星《ずぼし》」という言葉があります。目当てのところ、急所を意味し、心で思っていることをピタリと当てられてしまった人に対して「ほら、やっぱり図星でしょ？」のように使われます。

この図星は、もともと弓を射るときの的の中心にある黒点を表します。弓道には「霞的《かすみまと》」と「星的《ほしまと》」という2種類の的があります。前者は白地に大中小の黒い丸が同心円状に描かれた的であり、後者は白地の中心に黒丸が描かれた的。この星的の中心が図星というわけです。

図星という言葉を聞いたとき、夜空に光る星をイメージすると意味不明ですが、的のど真ん中を弓で射抜いた状況をイメージすると「急所を突かれた！」という意味を実感できると思います。

✕ 残念!

さすが、的を得たことを言うね。

ここが間違い

理にかなうという意味の「当《とう》を得る」、要点をしっかり理解するという意味の「要領を得る」との混同から「的を得る」とするのは誤り。

的は弓の稽古をするときの目標であり、転じて「物事の核心」を表します。的を弓矢で射る映像をイメージすれば、的を射る＝的確に要点をつかむ、であることがわかります。

なお、見当違いの意味では「的を外す」「的外れ」といった言葉が使われます。

〇 正しい日本語

さすが、的を射たことを言うね。

✕ 残念！

結果を出して、汚名を晴らすことができた。

ここが間違い

「恨みを晴らす」「疑惑を晴らす」などと混同して「汚名を晴らす」とするのは間違いであり、正解は「汚名をそそぐ」です。

「そそぐ」は水で汚れを洗い流すことを意味し、そこから「恥辱や汚名を消す」の意味で使われています。

漢字では「雪ぐ」と書くので「注ぐ」は誤りです。

ちなみに「汚名をすすぐ」ともいい、「雪ぐ」と表記します。

〇 正しい日本語

結果を出して、汚名をそそぐことができた。

「汚名をそそぐ」の言いかえ例

汚名を返上する
名誉を挽回する
失地を回復する

✕ 残念！

いつまで会長の地位に連綿《れんめん》とするのだろうか。

ここが間違い

「連綿」はいつまでも長く続いて絶えない様子。書道で、行書や草書、仮名の各文字が切れずに連続して書かれた書体を意味する「連綿体」を略した言葉です。

昔は文書を手書きしていましたが、連綿体が使われるようになって書写の能率が上がったとされます。

文例の「未練がましく執着する」という意味で使う言葉は「恋々《れんれん》」です。音が似ているので誤用に注意しましょう。

「連綿」を使うなら　明治時代からの製法を連綿と受け継いでいます。

〇 正しい日本語

いつまで会長の地位に恋々とするのだろうか。

「恋々」の言いかえ例　未練がましい
引き際がよくない

✕残念！

受験生なのに、ゲーム熱にうなされている。

ここが間違い

「うなされる」は、恐ろしい夢を見るなどして、眠っているときに苦しそうな声を上げること。漢字で書くと「魘される」。厭は「おしつぶす」、鬼は「死者の魂」を表し、「えたいの知れないものに押しつぶされる」という意味があります。

一方、「熱に浮かされる」には「高熱のためうわごとを言う」と「夢中になって理性を失う」の二つの意味があります。熱に浮かされて「うなされる」ことはありますが、「熱にうなされる」とはいいません。特に、熱中しているという意味での「熱にうなされる」は明らかな誤用です。

「うなされる」を使うなら

最近、悪夢にうなされることが多い。

○正しい日本語

受験生なのに、ゲーム熱に浮かされている。

✕ 残念！

ゴミが散乱する光景を見て、眉をしかめた。

ここが間違い

心の中に心配事や不快な気持ちがあり、眉のあたりにしわを寄せることをいうのは「眉をひそめる」。

「眉をしかめる」とはいいません。

「ひそめる」の漢字表記は「顰める」であり、顰は「小さなしわが寄る」を意味します（なお、「顰める」は「しかめる」とも読みます）。

「顰蹙《ひんしゅく》を買う」などの言い回しでよく使われる「顰蹙」も、不快に感じて眉をひそめるという意味です。

〇 正しい日本語

ゴミが散乱する光景を見て、眉をひそめた。

■「眉をひそめる」の言いかえ例■

眉を寄せる
眉根《まゆね》を寄せる
顔をしかめる

✕ 残念！

ここが間違い

あの発言は私の胸先三寸《むなさきさんずん》に納めることにします。

胸の中や心の中に持つ考えを指す言葉は「胸三寸《むねさんずん》」。「胸三寸に納める」は「心の中に納めて顔色に表さない」という意味の慣用句です。「胸先三寸」は、みぞおちのすぐそばあたりを指すので、文脈から外れています。

「胸先三寸」を使うなら

胸先三寸に凶器を突きつける

○ 正しい日本語

あの発言は私の胸三寸に納めることにします。

✕ 残念！

ここが間違い

採否が上司の胸三寸で決まるのが不満です。

「独断で、一存で」という意味で使うなら「胸一つ」が正解。「心の中の考え」を表す胸三寸を使うのは誤りです。

○ 正しい日本語

採否が上司の胸一つで決まるのが不満です。

「胸一つ」の言いかえ例

一存
独断

✖残念！

ここが間違い

口先三寸《さんずん》で丸め込もうとするのはよくない。

「口先三寸」という言葉はありません。「舌先三寸（舌三寸ともいう）」は、口先だけで心がこもっていない言葉のこと。「舌先」は、舌の先っぽであり、そこから「表面的な言葉」を表すようになりました。ちなみに三寸は約9㎝ですが、ここでは短いことを比喩的に表現しています。

〇正しい日本語

舌先三寸で丸め込もうとするのはよくない。

✖残念！

ここが間違い

彼の作るラーメンは、プロに負けずとも劣らない。

互角またはそれ以上であることを表す場合は「勝る（優る）とも劣らない」が正解です。

「負けず劣らず」と混同して「負けずとも劣らない」とするのは誤りです。

〇正しい日本語

彼の作るラーメンは、プロに勝るとも劣らない。

■「勝るとも劣らない」の言いかえ例■

引けを取らない／遜色のない

✕ 残念！

ここが間違い

絶えまず努力した成果が出ました。

「絶えまず」というのは「絶え間なく」と「弛《たゆ》まず」が混同した言葉であり、誤用表現です。

気持ちがゆるむことを表す「弛む」は、多くの場合打ち消しを伴い、「弛まず練習する」などと使われます。

○ 正しい日本語

弛まず努力した成果が出ました。

✕ 残念！

ここが間違い

彼女は誰にでも愛想《あいそ》を振りまく。

「愛想がいい」とはいいますが、「愛想を振りまく」は誤用です。「愛嬌《あいきょう》を振りまく」は「誰にでも愛想をよくする。みんなに明るくにこやかな態度を取る」という意味の慣用句です。

○ 正しい日本語

彼女は誰にでも愛嬌を振りまく。

✕ 残念！

ここが間違い

お金をだまし取られ、恨み骨髄《こつずい》に発した。

「骨の芯までしみ通る」を意味する「徹《てっ》する」が正解。「恨み骨髄に徹《とお》る／入《い》る」ともいいますが、「発する／達する」は誤用です。
「穆公《ぼくこう》の此の三人を怨むや骨髄に入れり（繆公がこの三人の将軍を恨む様子はすさまじく、恨みが骨髄に入り込むほどである）」（史記・秦本紀）の記述が出典とされています。

○ 正しい日本語

お金をだまし取られ、恨み骨髄に徹した。

✕ 残念！

ここが間違い

失礼な対応をされて怒り心頭に達した。

「心頭」は心、「に」は～において、「発する」は外に表れ出ることを意味します。心の中の怒りが抑えられなくなって激怒するのが「怒り心頭に発する」。
心頭を到達点だと理解して「達する」とするのは間違いです。

○ 正しい日本語

失礼な対応をされて怒り心頭に発した。

「怒り心頭に発する」の言いかえ例

怒髪《どはつ》天を衝《つ》く

✕ 残念！

見事逆転勝ちして、去年の雪辱《せつじょく》を晴らした。

ここが間違い

「恨み」「鬱憤《うっぷん》」などネガティブなものを解消するときは「晴らす」ですが、「雪辱」は辱《はじ》を雪《そそ》ぐという意味であり、すでにポジティブな状態なので「果たす」とするのが正解です。「雪辱を果たす」は恥や汚名を消し去ること。特にスポーツなどで以前負けた相手に勝ったときに使われます。

〇 正しい日本語

見事逆転勝ちして、去年の雪辱を果たした。

✕ 残念！

例外にもれず、私が買った宝くじはハズレました。

ここが間違い

「例外にもれず」とすると「例外である」という、逆の意味になります。「世間一般の例と同じく」という意味の言葉は「例にもれず」です。

〇 正しい日本語

例にもれず、私が買った宝くじはハズレました。

「例にもれず」の言いかえ例

ご多分にもれず

✖ 残念！

B社に対してA社がM&Aの触手を動かしているらしい。

ここが間違い

「触手」は無脊椎《せきつい》動物の口の付近にある、糸状またはひも状の突起です。触角として機能したり食物を捕らえる働きをします。

そこから「触手を伸ばす」は「欲しいものを得るために相手に近づく、行動する」を意味する言葉となりました。

〇 正しい日本語

B社に対してA社がM&Aの触手を伸ばしているらしい。

✖ 残念！

鳴り物入りで入団したのに期待倒れだな。

ここが間違い

「看板倒れ」「計画倒れ」などから連想して「期待倒れ」とするのは誤り。

「期待外れ」は、期待していたことが実現しないまま終わることです。

〇 正しい日本語

鳴り物入りで入団したのに期待外れだな。

2章

「意味・使い方」の間違い

会話や文章などで的確な慣用句や四字熟語などを使える人は、「教養のある人」として一目置かれます。

けれども、言葉の意味や使い方を間違ってしまうと、かえって大恥をかくことにもなりかねません。

次の言い回しは、どこが間違いでしょうか？

なおざりな挨拶
耳障りのよい曲
射程距離
しゃにむな努力
バランスが逆転する

この章を読み、正しい言葉づかいをマスターしていきましょう。

✕ 残念！

被害者面するとは慚愧《ざんき》に堪《た》えない。

ここが間違い

「慚愧」は自分のことを反省して恥じ入ること。他人の行動に対して残念に思ったときには使いません。

ところで慚愧は、もともと「ざんぎ」という仏教語で、「慚」はみずからの心に恥じること、「愧」は他人に向かって罪を告白して恥じること、という意味があります。

「慚愧に堪えない」を使うなら

自分のミスでチームに迷惑をかけてしまい、慚愧に堪えません。

○ 正しい日本語

被害者面するとは厚顔無恥《こうがんむち》である。

「厚顔無恥」の言いかえ例

恥知らず
あつかましい

✕ 残念！

なおざりな挨拶を交わしていた。

ここが間違い

語感が似ている「なおざり」「おざなり」、どちらも「いいかげん」という意味で共通しています。

ただ、なおざりは「物事を軽く見て、適当に放っておくこと」の意味で使われ、「自分の体をなおざりにする」などといいます。

これに対し「お座なり」は「お座敷などでの、その場の間に合わせ」ということから「その場限りの、いいかげんなことをする」の意味で使われます。

ちなみに「なおざり」は、男性の女性に対する性情や行動を評価するときの言葉として、『源氏物語』にも多く使われています。

◯ 正しい日本語

おざなりな挨拶を交わしていた。

✕ 残念！

このまま手ぐすね引いていたら、赤字が膨らむだけですよ。

ここが間違い

「手ぐすね引く」は、すっかり用意して待ち構えること、準備を整えて機会を待つこと。弓を射るとき、弓を持つほうの手（左手）に薬煉《くすね》を塗ることから生まれた言葉です。

薬煉とは松脂《まつやに》を練ったもので、これを手に塗ると弓が滑りにくくなり、矢を射たときにその勢いで弓の弦《つる》が左ひじの外側に回って当たるのを防ぎ、次の矢をすばやく準備できることから、この慣用句が生まれました。

「何もしないで見過ごす」という意味の「手をこまねく」と混同するのは間違いです。

「手ぐすね引く」を使うなら　警察は、犯人が現れるのを手ぐすね引いて待っている。

〇 正しい日本語

このまま手をこまねいていたら、赤字が膨らむだけですよ。

「手をこまねく」の言いかえ例　傍観する／見過ごす

✕ 残念！

思わず食指をそそるユニークなプランだ。

ここが間違い

「食欲をそそる」との混同で「食指をそそる」とするのは誤り。

なお、「食指」は人差し指のこと。「食指が動く」は食欲が起こること、転じて物を欲しがることを表します。

中国の春秋時代、鄭《てい》の子公《しこう》公子宗《こうしそう》と子家《しか》という人物が宮殿に向かう途中、子公の人差し指がぴくぴくと動いた。子公は指を見せながら「これはご馳走《ちそう》にありつける前触れなのだ」と言った。すると、その言葉どおり、宮殿ではスッポンを料理していた、という故事によります（『春秋左氏伝《しゅんじゅうさしでん》』）。

○ 正しい日本語

思わず食指が動くユニークなプランだ。

「食指が動く」の言いかえ例

- 興味がわく
- 欲がわく

✕残念！　園児一人ひとりに適切な目配せをしています。

ここが間違い

「目配せ」は目つきで合図すること。

もともと目で合図することは、「目＋食はす」から「めをくはす」「めくはす」といいました。中世から「めくはす」「めくはせ」が使われるようになり、江戸時代になって「めくばせ」と音が濁るようになりました。

「あちこちに目を向けて注意すること」を表すのは「目配り」です。

「目配せ」を使うなら

会議を開始する時間となったので、議事を進行するよう、司会者に目配せした。

〇正しい日本語　園児一人ひとりに適切な目配りをしています。

「目配り」の言いかえ例

注視

✕ 残念!

ここが間違い

彼女はしゃにむな努力で昇進した。

「しゃにむに」は漢字で「遮二無二」。

「二」は次を意味し、「遮二」は二をさえぎること。「無二」は二がないこと。つまり、後のことは考えずにがむしゃらに行動するさまを表します。

「ひたむきに」「ひたむきな」などと活用する言葉と同じように「しゃにむな」と使うのは誤りです。

○ 正しい日本語

彼女はしゃにむに努力して昇進した。

「しゃにむに」の言いかえ例

がむしゃらに

電子辞書を使うと語彙力が上がる

私は読者の皆さんのご家庭に、電子辞書を常備することを提案したいと思います。機種にもよりますが、『精選版 日本国語大辞典』(小学館)、『広辞苑』(岩波書店)、『新漢語林』(大修館書店)、『新英和大辞典』(研究社)といったたくさんの辞書はもとより、『ブリタニカ国際大百科事典』(ブリタニカ・ジャパン)、『日本歴史大事典』(小学館)などの事典類も豊富に収録されている電子辞書もあります。

電子辞書に収められているのは、厳しいチェックを経た正確な知識。1冊ずつ紙の本で揃えると膨大なスペースを要しますが、それらがコンパクトな1台ですぐに参照できるのですから、信じられないくらい便利です。

ニュースで耳慣れない言葉を聞いたとき、ネットで見た言葉が間違っているように思ったときなど、電子辞書を使って調べると正しい知識が得られます。しかも、解説の中に出てきた単語を選んで、その単語の説明にジャンプすることもできます。つまり、芋づる式にたくさんの情報にリーチできるというわけです。

✕残念！

このスキルがあれば、稼げるのは火を見るより明らかだ。

ここが間違い

「火を見るより明らかだ」は明白で疑う余地のないさま。特に状況が悪化することが確実である、という意味で使われるため、ポジティブな文脈には相応《ふさわ》しくありません。
「燃えている火を見るよりも、はっきりと見える」ということなので、「日を見るより明らか」の表記も間違いです。

○正しい日本語

このスキルがあれば、稼げるのは明々白々だ。

「明々白々」の言いかえ例
間違いない
確実だ

✖ 残念！

会議で異存《いぞん》は出ませんでした。

ここが間違い

「異存」は「他人とは違った意見」「反対の意見」のこと。特に、まだ心の中にある考えを指します。

周囲に発するときには「異議」を使うか、「誰も異存はなかった」などとするのが正解です。

「異存」を使うなら

決定したことに異存はありません。

〇 正しい日本語

会議で異議は出ませんでした。

「異議」の言いかえ例

異論
不服
不賛成

✕ 残念！

新人があまりに頑固なので、さすがにいさめました。

ここが間違い

「いさめる」は、主に目上の人に対して、悪い行いや欠点を改めるように忠告すること。

新人に対して「いさめる」は相応しくありません。目下の人に対して注意を与える場合は「たしなめる」が正解です。

「いさめる」を使うなら

部長の計画があまりに無謀なので、さすがにいさめました。

○ 正しい日本語

新人があまりに頑固なので、さすがにたしなめました。

「たしなめる」の言いかえ例

諭《さと》す

注意をうながす

✖ 残念！

合格発表日には、毎年悲喜こもごものドラマが生まれる。

ここが間違い

「悲喜こもごも」は、悲しみと喜びを代わる代わる味わうこと。また、悲しみと喜びが同時に入り交じること。

一人の人の心境について使う言葉であり、複数の人たちの感情を表す言葉ではありません。

「悲喜こもごも」を使うなら

悲喜こもごもの高校3年間を過ごしました。

〇 正しい日本語

合格発表日には、毎年喜ぶ人と悲しむ人で明暗が分かれる。

✕ 残念！

あわや東大に現役合格という秀才だった。

ここが間違い

「あわや」の語源は、驚いたときに発する「ああまあ」「あれっ」などの感動詞。

目前に迫った危機を回避したさまを表すため、よいこと、成功したことについて使うのは間違いです。

「あわや」を使うなら

あわやトラックと正面衝突するところでした。

○ 正しい日本語

あと一息で東大に現役合格という秀才だった。

「あと一息で」の言いかえ例

あと一歩で
もう一歩のところで

✕ 残念！

3月、梅の咲く小春日和《こはるびより》のなか、散歩を楽しんだ。

ここが間違い

「小春」は旧暦10月のことで、太陽暦では11月頃にあたります。この時期のよく晴れた暖かな日を「小春日和」といい、春の言葉ではありません。

アメリカやヨーロッパにも、本格的な冬を前にした暖かい晴天を指す「インディアン・サマー」という言葉があります。

「小春日和」を使うなら　先日の小春日和に家族と紅葉《もみじ》狩りに出かけました。

〇 正しい日本語

3月、梅の咲く春日和《はるびより》のなか、散歩を楽しんだ。

✖ 残念！

元旦の夜に友人が挨拶に来た。

ここが間違い

「旦」は「早朝」の意味なので元旦は「元日の朝」。そのため「元旦の昼」「元旦の夜」というのは矛盾した表現となります。

なお「一月元旦」「元旦の朝」は重ね言葉になるので注意しましょう。

「元旦」を使うなら

元旦に初日の出を見に行きました。

〇 正しい日本語

元日の夜に友人が挨拶に来た。

「元日」の言いかえ例

1月1日
元三《がんざん》
鶏日《けいじつ》

文豪の当て字を味わう

日本の代表的な文豪として知られる夏目漱石は、作品集に当て字を多用したことで知られています。当て字とは、漢字の本来の意味にかかわらず、音や訓を借りて当てはめる表記のこと。「野暮《やぼ》」「目出度《めでた》い」などが代表的です。

では、漱石が使った「逡巡い」という当て字は、どのように読むでしょうか。

答えは「ためらい」です。逡巡《しゅんじゅん》するの「逡巡」を使っているので、言われてみると納得できる言葉づかいです。

では、「標題」「反間」「冷笑ける」「煮染む」あたりはいかがでしょうか。正解は順に「みだし」「へま」「あざける」「にじむ」。なかなかいいセンスだと思いませんか？

漱石は、カタカナ語の当て字もたくさん編み出しています。「停車場」「天幕」「洋杖」「肉匙」は、それぞれ「ステーション」「テント」「ステッキ」「フォーク」。

明治時代の作家はこんなに自由に日本語を使っていたのですね。

✕ 残念！

ここは県内でも指折りの、交通事故が多い交差点です。

ここが間違い

「指折り」は、多くのものの中で指を折り曲げて数えるほど優れていること。よい意味で優れている対象を指して使う言葉であり、よくないことについては使いません。

「指折り」を使うなら

彼は世界でも指折りのサッカー選手です。

○ 正しい日本語

ここは県内でも有名な、交通事故が多い交差点です。

✕ 残念！

プロジェクトは暫時《ざんじ》進行しています。

ここが間違い

「暫時」と「漸次《ぜんじ》」は音が似ているので混同しがちですが、暫時は「少しの間、しばらく」、漸次は「しだいに、だんだん」という意味の言葉です。「暫時休憩します」などと使います。ここでは漸次を使うのが正解です。

○ 正しい日本語

プロジェクトは漸次進行しています。

「漸次」の言いかえ例

徐々に／おいおい

✕残念！

プロ野球選手は草野球選手の敵ではない。

ここが間違い

「敵ではない」は力量が劣っている、弱いということ。プロ野球選手と草野球選手を比較すれば、草野球選手が劣っているのは明らかですから、「草野球選手は〜敵ではない」とするのが正解です。

〇正しい日本語

草野球選手はプロ野球選手の敵ではない。

■「敵ではない」の言いかえ例■

相手にならない／足下にも及ばない

✕残念！

半数が賛成してくれたら恩の字だろう。

ここが間違い

「ありがたく感じる」という意味で、同じく「おん」と読むため、「恩の字」としてしまう表記を見ますが、正しくは「御の字」です。「御の字」は「ありがたい、しめた」などを意味する言葉。「御」の字をつけたいほど感謝している、ということから来ています。

〇正しい日本語

半数が賛成してくれたら御の字だろう。

✕ 残念！

A社との商談に帯同させてほしいと上司に頼んだ。

ここが間違い

「帯同」は「部下などを一緒に連れて行くこと」を意味する文章語。つまり、日常会話ではあまり使われず、文章を書くときに使われる言葉です。部下の立場で「連れて行ってもらう」というときには帯同を使いません。

「帯同」を使うなら 秘書を帯同して出張に出た。

○ 正しい日本語

A社との商談に同行させてほしいと上司に頼んだ。

✕ 残念！

厳しい人だが、時折、優しいパパの顔を垣間《かいま》見せた。

ここが間違い

物事の一端《いったん》を見ることを「垣間見る」といいますが、「垣間見せる」は誤用です。

一端を見せるという文脈では「うかがわせる」「のぞかせる」などというのが正解です。

○ 正しい日本語

厳しい人だが、時折、優しいパパの顔をうかがわせた。

✕ 残念！

相手はハーバード大卒らしいけど、名前負けせず頑張れ。

ここが間違い

「名前負け」は、名前が立派すぎて実物が見劣りすること。相手の名声に臆する意味で使うのは誤りです。

「名前負け」を使うなら

臆病者ですが勇太といいます。名前負けしています。

○ 正しい日本語

相手はハーバード大卒らしいけど、名前に圧倒されず頑張れ。

「圧倒されず」の言いかえ例

気後れせず／臆することなく

✕ 残念！

選挙により与党と野党のバランスが逆転した。

ここが間違い

「バランス」は「つりあい、均衡」を意味する言葉です。バランス自体は逆転しないので、「バランスが崩れた」あるいは「勢力が逆転した」とするべきです。

○ 正しい日本語

選挙により与党と野党のバランスが崩れた。

✕ 残念！

祖母は90歳。晩年になっても元気で過ごしています。

ここが間違い

「晩年」は一生の終わりの時期、死に近い時期のこと。死後に、亡くなる前の数年間を指した言葉であり、生存している人には使いません。

「晩年」を使うなら

亡くなった父は、晩年も毎日散歩を欠かしませんでした。

○ 正しい日本語

祖母は90歳になっても元気で過ごしています。

✕ 残念！

人気俳優が来たから、上へ下への大騒ぎとなった。

ここが間違い

一字違いですが「上を下へ」が正解です。「上を下へ」は、上にあるべき物が下に、下にあるべき物が上になるという意味から、混乱するさまを表す慣用句です。

○ 正しい日本語

人気俳優が来たから、上を下への大騒ぎとなった。

「上を下への」の言いかえ例

蜂の巣をつついたような／上を下に返す／上よ下よの

✕ 残念！

耳障《ざわ》りのよい曲だね。

ここが間違い

「障《さわ》り」はさまたげ、障害のこと。つまり、「耳障り」は聞いていて嫌な感じがすることを意味します。「目障り」も同様に、不快感を表します。

なお、「耳触り」は『広辞苑』に「聞いた感じ。耳当たり」と記載されています。

「耳障り」を使うなら

窓の外から聞こえる工事の音が耳障りだ。

○ 正しい日本語

耳に心地よい曲だね。

✕ 残念！

この国はミサイルの射程距離に入っている。

ここが間違い

「射程」は、鉄砲やミサイルの発射する地点から到達点までの水平距離。特に、弾丸が届く最大距離を意味します。

「程」が長さを表しているので、「射程距離」は重ね言葉になります。

○ 正しい日本語

この国はミサイルの射程内に入っている。

✕残念！
彼は不合格の知らせを、まんじりともせず聞いていた。

ここが間違い
「まんじりともせず」は、少しも眠らないさまを表す言葉。「まったく動じないで」という文脈では「微動だにせず」を使います。
「まんじりともせず」を使うなら
昨夜は、まんじりともせず夜を明かした。
○正しい日本語
彼は不合格の知らせを、微動だにせず聞いていた。
✕残念！
いまだかつて、表彰を受けるのは初めての経験です。

ここが間違い
「いまだかつて」は、下に打ち消しを伴って「今までに一度も〜ない」という意味で使います。
打ち消しがないまま使うのは間違いです。

○正しい日本語
いまだかつて、表彰を受けた経験はありません。

「いまだかつて〜ない」の言いかえ例
ついぞ〜ない／これまでに一度も〜ない

3章

「敬語」の間違い

敬語を正しく使いこなすのは、社会人としての基本中の基本。
間違った言葉を使うのは失礼ですし、信用を失ってしまうおそれもあります。
にもかかわらず、年齢を重ねると敬語を学ぶ機会が少なくなる人が大半です。
言葉づかいに自信がある人も、改めて自分の敬語の使い方を見直してみましょう。

高松様でございますか?
吉沢次長様ですね。
御社はどちらにいたしますか?
ご出席されますか?
先生がお話しになっております。

さて、これらの表現の間違いを正しく指摘できますか?
不安な人は、この章を読んでおさらいしてください。

✕ 残念！

高松様でございますか、いつもお世話になっております。

ここが間違い

「ございます」は「ある」の丁寧語。相手に対する尊敬語として「高松様でございますか」と言うのは誤用です。

〇 正しい日本語

高松様でいらっしゃいますか、いつもお世話になっております。

✕ 残念！

吉沢次長様は、いらっしゃいますか？

ここが間違い

「次長」という役職は、それ自体が敬称なので、「次長様」は二重敬語です。「次長の吉沢様」もしくは「吉沢次長」とするのが適切でしょう。

〇 正しい日本語

次長の吉沢様は、いらっしゃいますか？

✕ 残念！

御社の部長の尾崎様を存じています。

ここが間違い

「存ずる」は「知る」の謙譲語。相手に対してへりくだるときの言葉です。ただし、人に対しては、さらに相手に対して敬意を表す「上げる」を付けて「存じ上げる」とします。

○ 正しい日本語

御社の部長の尾崎様を存じ上げています。

✕ 残念！

御社の製品を存じ上げています。

ここが間違い

物や場所に対しては「存じ上げる」は不適切であり、「存じています」とするのが自然です。

○ 正しい日本語

御社の製品を存じています。

✕ 残念！

課長がお越しになった後、部長がおいでになりました。

ここが間違い

「お越しになる」「おいでになる」ともに「来る」「行く」の尊敬語。ただし、「お越しになる」は「おいでになる」よりも敬意の度合いが高い言葉なので部長に使わず課長に対して使うのは不適切です。なお、「お越しになられる」「おいでになられる」は二重敬語となるので使わないようにしましょう。

○ 正しい日本語

課長がおいでになった後、部長がお越しになりました。

✕ 残念！

おっしゃられたことは、上長に申し伝えておきます。

ここが間違い

「おっしゃる」は「言う」の尊敬語。尊敬の助動詞「られる」を付けた「おっしゃられる」は二重敬語となるため間違いです。

「言われる」「仰《おお》せられる」も「言う」の尊敬語ですが、前者はやや軽い印象があり、後者は改まった印象があります。

○ 正しい日本語

おっしゃったことは、上長に申し伝えておきます。

✕ 残念！

夕食をお召し上がりになられましたら、お声がけください。

ここが間違い

「召し上がる」は「食べる」「飲む」の尊敬語。

「お召し上がりになる」で敬意の度合いが上がりますが、「られる」と付けるのは二重敬語です。

○ 正しい日本語

夕食をお召し上がりになりましたら、お声がけください。

✕ 残念！

御社は、どちらにいたしますか？

ここが間違い

「いたす」は「する」の謙譲語。

「私は○○にいたします」などと言うと相手に敬意が伝わりますが、相手の行為に対して使うのは誤りです。

○ 正しい日本語

御社は、どちらになさいますか？

×残念！

今夜のイベントに、ご出席される予定です。

ここが間違い

「出席する」の尊敬表現は「出席される」「ご出席になる」「出席なさる」。「ご連絡します」「お預かりします」のような「お（ご）～する」は謙譲語であり、尊敬語「れる」を付けた形で使うのは間違いです。

○正しい日本語

今夜のイベントに、ご出席になる予定です。

×残念！

御社の部長がご出張なされていた日に、お会いしました。

ここが間違い

謙譲語「お（ご）～する」と尊敬語「なさる」「れる」の組み合わせが誤り。「出張される」「ご出張になる」「出張なさる」などが適切な表現です。

○正しい日本語

御社の部長が出張されていた日に、お会いしました。

✕ 残念！

山本様、お世話様です。

ここが間違い

「お世話様です」「お世話になっております」ともに、自分のために尽力してくれる人に感謝の気持ちを表す挨拶の言葉。

ただし、「お世話様」にはフランクに相手をねぎらうニュアンスがあり、同僚や部下には使ってもよいですが、目上の人に使うと失礼にあたるおそれがあります。

○ 正しい日本語

山本様、お世話になっております。

✕ 残念！

湯川部長、ご苦労様です。

ここが間違い

「ご苦労様です」は、相手の骨折りをねぎらって丁寧に言う言葉。

ただ、やや上から目線のニュアンスがあるため、目上の人には「お疲れ様です」を使うほうが無難です。

○ 正しい日本語

湯川部長、お疲れ様です。

囲碁から生まれた言葉

布石《ふせき》

私たちが普段使う言葉には、囲碁から生まれたものがたくさんあります。その一例が「布石」。

将来に備えてあらかじめ整える手はず、という意味の言葉ですが、もともとは囲碁の序盤戦で先を見越して要所要所に石を置くことを表していました。

ほかには「一目《いちもく》置く」という言葉もあります。これは囲碁で弱いほうがハンデとして先に石を1つ置くことから、「相手の実力を認めて敬意を払うこと」を意味する言葉となりました。

計画すること、企てることを意味する「目論《もくろ》む」も、元はといえば囲碁で目算をすることから生まれた言葉です。

意外なところでは「駄目」も囲碁の用語に由来します。囲碁でどちらの地にもならない空所のことを駄目といい、そこから「しても効果がない」「役に立たない」ことを表す言葉として使われるようになりました。

✕ 残念！

たくさんの人が来ていただき嬉しいです。

ここが間違い

「いただく」は自分が相手にしてもらったときの謙譲語であり、「たくさんの人が」と相手を主体とする言い方は不適切。「たくさんの人に来ていただき」と自分主体の言い方にするか、「たくさんの人が来てくださり」と相手主体の尊敬表現にする必要があります。

○ 正しい日本語

たくさんの人に来ていただき嬉しいです。

✕ 残念！

いま先生がお話しになっております。

ここが間違い

「おります」は自分の行為について使う謙譲語であり、相手に対する尊敬表現として使うのは間違い。

この場合は「先生がお話しになっています」「先生がお話をされています」などとすべきです。

○ 正しい日本語

いま先生がお話しになっています。

✕残念！

ここが間違い

部長がご運転されました。

敬語を使うときには「お」や「ご」を付けて敬意を表すことがあります。基本的には漢語には「ご」を付け、大和言葉には「お」を付けることが多いのですが、「お電話」「お化粧」「ご親切」などの例外もあります。運転のように「お」も「ご」も付かない言葉もあるので注意しましょう。

〇正しい日本語

部長が運転されました。

✕残念！

ここが間違い

日程の件は、すでに伺ってございます。

「ございます」は「ある」の丁寧語。「伺ってございます」は「伺ってあります」を丁寧にしたことになりますが、「伺ってあります」は不自然な言葉です。「伺っております」とするのが正解です。

〇正しい日本語

日程の件は、すでに伺っております。

✕ 残念！

荷物が届いたら、ご連絡してくださいますか。

ここが間違い

「お（ご）…する」は自分の行為に付ける謙譲表現であり、相手の行為に「お（ご）…する」を付けると、相手がへりくだることになり、相手を敬う表現とはなりません。

「お（ご）…してくださる」という表現は使わないように注意しましょう。

○ 正しい日本語

荷物が届いたら、ご連絡くださいますか。

✕ 残念！

1週間以内でしたら、半額でご購入できます。

ここが間違い

「お（ご）…できる」は自分の行為についていう謙譲表現です。相手の行為を敬う意図で使うのは間違いです。

「お（ご）…になれる」が正解です。

○ 正しい日本語

1週間以内でしたら、半額でご購入になれます。

✕残念！

ここが間違い

ご拝聴いただき、ありがとうございました。

「拝聴する」は「聞く」の謙譲語ですから、自分の行為について使うべきです。なお、「静聴」は静かに聞くことです。「ご静聴いただき」では敬意が伝わらないどころか、上から目線の失礼な表現となってしまいます。

〇正しい日本語

ご清聴いただき、ありがとうございました。

✕残念！

ここが間違い

この資料で、わかられますか？

「外出される」のように動詞に「れる」「られる」を付けると尊敬語になりますが、「わかられる」のように尊敬語として違和感が生じてしまう言葉もあります。

この場合は「おわかりになる」とするのがよいでしょう。

〇正しい日本語

この資料で、おわかりになりますか？

✕ 残念！

ここが間違い

明日は休まさせていただきます。

丁寧な言葉づかいをしようとして「学ばさせていただく」「送らさせていただく」などと言う人がいますが、これは「さ入れ言葉」と呼ばれる間違った敬語です。

そもそも「させていただく」を連発していると、まどろっこしい印象を与えてしまうので、「明日はお休みいたします」のようにすっきりした表現にすることも大切です。

○ 正しい日本語

明日は休ませていただきます。

✕ 残念！

ここが間違い

納期の件、承知してございます。

「承知している」を丁寧に言おうとして「承知してございます」とするのは間違い。

「いる」の丁寧語は「おります」です。

○ 正しい日本語

納期の件、承知しております。

4章

「漢字」の間違い　①同音異字

メールやLINEのやりとり、SNSへの投稿など、現代人が文章を書く機会は非常に多くなっています。書く機会が増えたのと比例して、漢字のミスを見かける機会も増えているように感じます。

特に注意したいのが同音異字の間違い。思い込みや変換ミスなど、間違える理由はいろいろありますが、つまらないミスは極力なくしたいものです。

頭に乗る
短刀直入
絶対絶命
癪に触る
原価償却

以上の言葉の間違いがわからない人は要注意です。この章で正しい漢字を確認しましょう。

✕ 残念！

まさに危機一発の状態だ。

ここが間違い

正しくは「危機一髪」であり、一つ間違えれば危険に陥る瀬戸際、きわめて危ない状態のことです。

「韓愈《かんゆ》、与孟尚書書《もうしょうしょにあたうるしょ》」の「其《そ》の危うきこと一髪の千鈞《せんきん》を引くがごとし（危うさは1本の髪の毛で千鈞の重さのものを引くようだ）」という記述から生まれた慣用句です。

1鈞は7・68kgですから、千鈞は約7700kg。「7700kgのものを髪の毛1本で引くくらい危険」と想像すれば、もう間違えなくなります。

映画「007」シリーズの「危機一発」、おもちゃの「黒ひげ危機一発」は、シャレのきいた秀逸なネーミングです。

○ 正しい日本語

まさに危機一髪の状態だ。

「危機一髪」の言いかえ例

絶体絶命
剣《けん》が峰
九死

✕ 残念！ 容疑者は、犯行時は心身耗弱《しんしんこうじゃく》状態だったと主張した。

ここが間違い

あくまでも精神の耗弱を表しているので「心身」とするのは誤り。また、耗弱を「もうじゃく」と読むのは間違いです。

「心神耗弱」は、精神の機能が低下することで、物事の善悪を識別して正常に行動することができない状態。

「心神」は精神、「耗弱」はすり減らされて弱ることを意味します。心神耗弱にある人は、刑法上、刑が軽減されます。

なお「心神耗弱者」という言葉は、差別的な印象を与えるとして、1999年に「精神上の障害により事理を弁識する能力が著しく不十分である者」という表現に改められました。

〇 正しい日本語 容疑者は、犯行時は**心神耗弱**状態だったと主張した。

✖ 残念！

生前の映像を見て、亡き恩師を忍びました。

ここが間違い

「忍ぶ」は人の目に触れないようにする、つらいことを我慢して耐える、という意味なので間違いです。「偲《しの》ぶ」は、遠く離れた物事や人などを懐かしみ、しみじみと思いをいたすことです。

「忍ぶ」を使うなら　不便を忍ぶ生活／物陰に忍んですごす

〇 正しい日本語

生前の映像を見て、亡き恩師を**偲**びました。

✖ 残念！

頭《ず》に乗ると、いつか後悔するよ。

ここが間違い

「図に乗る」は、思いどおりにうまく事が進むと思ってつけあがること。ネガティブな意味合いで使われます。「図」とは、一説によると仏教で僧侶が唱える声楽（声明《しょうみょう》）の転調を意味します。転調は難しかったので、きちんと転調できることを「図に乗った」といいました。そこから調子に乗ることを意味する慣用句になったとされます。

〇 正しい日本語

図に乗ると、いつか後悔するよ。

✖残念!

ここが間違い

短刀直入にお聞きします。

短刀ではなく単刀が正解。「単刀」は一振りの刀、「直入」はすぐに入ること。「単刀直入」は、一振りの刀を持って一人で敵陣に斬り込むことから転じて「前置きなしにすぐ本題に入る様子」を表す四字熟語です。

◯正しい日本語

単刀直入にお聞きします。

✖残念!

ここが間違い

絶対絶命のピンチを迎える。

体が追い詰められることを意味する「絶体」が正しく、他に対立することがないという意味の「絶対」を使うのは間違いです。「絶体」「絶命」は九星占いの凶星の名前であり、そこから転じて「どうにも逃れられない状態にあること」を意味します。

◯正しい日本語

絶体絶命のピンチを迎える。

「絶体絶命」の言いかえ例

危機一髪／必死危急《ひっしききゅう》

劇場用語から生まれた日常語①

大向《おおむ》こう

劇場用語から一般に使われるようになった言葉に「大向こうをうならせる」があります。これは、たくさんの人の喝采を受けること、大衆的な人気を集めることを意味する慣用句。現在でいえば「大向こうをうならせる大谷選手のホームラン」などの文例がピッタリきそうです。

もともと「大向こう」は、舞台から正面にあたる観客席後方の立ち見席を指します。また、その席にいる観客のことも表します。

大向こうは料金の安い席ですが、ここには芝居が好きで目の肥えた客が多く集まるとされ、役者はこの席の観客の反応を重視していました。そこから転じて一般の客や大衆のことを「大向こう」と言うようになったのです。

なお、劇場で後方最上階にある低料金の席を示す類語に「天井桟敷《てんじょうさじき》」があります。

✕ 残念！

その話を耳にして興味深々の様子だった。

ここが間違い

「興味深い」からの連想で「深々」とするのは誤り。「興味津々《しんしん》」は興味がつきないさま。「津々」は絶えず湧き出て尽きない様子を表します。

興味が感じられない様子を表す反対語は「興味索然《さくぜん》」であり、「彼が同じエピソードを繰り返すので、彼女は興味索然と聞いていた」などと使います。

〇 正しい日本語

その話を耳にして**興味津々**の様子だった。

✕ 残念！

起章転結を踏まえて文章を書きましょう。

ここが間違い

「文章」という言葉に引っ張られて「章」を使うと間違います。「起承転結」は漢詩の構成法の一つ。四句から成る「絶句」では「起」で言い起こした内容を「承」で受け、「転」でそれを転換し、「結」で全体をまとめます。

転じて、広い意味で「物事や文章の順序や組み立て」の意味でも使われます。

〇 正しい日本語

起承転結を踏まえて文章を書きましょう。

✕ 残念！

ここが間違い

権力を欲しいままにする。

「ほしいまま（恣）」は、自分の思いどおりにふるまうさま。漢字では擅・縦とも書きますが、「欲しいまま」は間違いです。

ちなみに恣という字にはもともと「心をリラックスする」という意味があり、そこから好き勝手、わがままという意味で使われるようになりました。

○ 正しい日本語

権力を恣《ほしいまま》にする。

✕ 残念！

ここが間違い

偉そうな発言が癪《しゃく》に触る。

「さわる」は「障る」と表記します。「癪に障る」は、腹が立ってイライラすることを意味します。

○ 正しい日本語

偉そうな発言が癪に障る。

「癪に障る」の言いかえ例

癇《かん》に障る／癇に触れる

✖ 残念！

ここが間違い

官公庁の綱規粛清を求める。

「粛正」は厳しく取り締まって不正をなくすこと。「粛清」は、組織内の反対者を排除することなので誤りです。

「綱紀粛正」は、国家の規律を整え、政治の方針や政治家・役人の態度の乱れを正すこと。一般的に規律を厳しく正すときにも使います。「綱」は大きなつな、「紀」は小さなつなを意味し、「綱紀」で国家を治める大法と細則、また一般に規律を表します。「綱規」は誤り。

○ 正しい日本語

官公庁の**綱紀粛正**を求める。

✖ 残念！

ここが間違い

有罪の判決をもって決審した。

裁判で審理が終わることを意味するのは「結審」。決審という熟語はありません。

○ 正しい日本語

有罪の判決をもって**結審**した。

✕ 残念!

契約金と参加報酬が得られる。

ここが間違い

ついつい、馴染みのある「参加」を使いがちなので気を付けましょう。「参稼報酬」とは組織や団体などで、特殊技能を生かして活動をした人が得る報酬のこと。代表的なのがプロ野球選手の年俸です。

○ 正しい日本語

契約金と**参稼報酬**が得られる。

✕ 残念!

コピー機が壊れた。原価償却が終わっていないのに。

ここが間違い

正しくは「減価償却」であり、時間の経過や使用によって生じる固定資産の価格の減少を見積もり、決算期ごとに費用として計上する会計処理のこと。簡単にいうと、クルマやコピー機を買ったときに、数年かけて費用としていくルールを指します。「価格が減少していく＝減価」と考えれば間違える心配はありません。

○ 正しい日本語

コピー機が壊れた。**減価償却**が終わっていないのに。

✕ 残念！

あの会社はエンジニアを好遇しているそうだ。

ここが間違い

「厚遇」は、手厚くもてなすこと。特にビジネスでは、地位や給与などが良いという意味で使われます。

同じような意味の言葉に「好待遇」があるので、混同しないように注意しましょう。

◯ 正しい日本語

あの会社はエンジニアを**厚遇**しているそうだ。

✕ 残念！

濡れ手で泡の利益をむさぼる。

ここが間違い

濡れた手で粟《あわ》（穀物の一種）をつかむと、粟粒がそのままくっつくことから、苦労せずに利益を得ることを「濡れ手で粟」といいます。語源を理解すれば「泡」が誤りだと気づきます。

反対の意味の慣用表現は「骨折り損のくたびれもうけ」です。

◯ 正しい日本語

濡れ手で**粟**の利益をむさぼる。

奈落

　二度と抜け出せないような最悪の状態に陥ることを「奈落の底に突き落とされる」と表現することがあります。

　奈落は劇場の舞台や花道の床下を指し、回り舞台やせり出しなどの装置が設けられている場所です。照明の設備がなかった江戸時代には真っ暗だったので奈落と呼ばれるようになりました。

　なぜ真っ暗だと奈落なのか。実は、奈落はもともと「地獄」を意味するサンスクリット語のナラカの音訳語。生前に悪業をなした人間が、死後に罪を償う地下の牢獄をいいました。つまり、真っ暗な舞台の下が地獄のようだったので奈落といわれるようになったわけです。

　現在、劇場の床下は照明がついているので、「地獄」を実感する場所とはいえなさそうです。

✕ 残念！

ここが間違い

社長と常務は一身同体である。

正しくは「一心同体」であり、2人以上の人が心と体を1つにして、強く結ばれること。「一身」では「同体」と意味が重なるので誤りです。

〇 正しい日本語

社長と常務は一心同体である。

■「一心同体」の言いかえ例■

不即不離（2つの場合）

三位一体（3つの場合）

✕ 残念！

ここが間違い

3日でやめてしまうなんて、意思薄弱だな。

意思ではなく意志とすべきです。「意志薄弱」は、意志が弱く、すぐに挫折してしまうこと。自分で決断できないことを表します。

〇 正しい日本語

3日でやめてしまうなんて、意志薄弱だな。

× 残念！

彼は「自分が業界を変える」と嘘ぶいた。

ここが間違い

嘘ぶくではなく「嘯《うそぶ》く」。

「嘯く」は、口をすぼめて息を吐き出すこと。「とぼけて知らないふりをすること」「偉そうに大きなことを言うこと」の意味で使われます。

○ 正しい日本語

彼は「自分が業界を変える」と嘯いた。

「嘯く」の言いかえ例

大言壮語する／大ぶろしきを広げる

× 残念！

時機《じき》を得た企画だと思います。

ここが間違い

「〜を得る」と呼応するのは「時宜《じぎ》」のみであり、「時期」「時機」は間違いです。「時宜」は時期がちょうどよいこと。「時宜を得る」は、よい時期を得ている＝タイミングがいい、の意味で使われます。

○ 正しい日本語

時宜を得た企画だと思います。

「時宜を得る」の言いかえ例

時宜に適した／時宜にかなった

✕ 残念！

皇帝を挟んで左右対照に臣下が着席している。

ここが間違い

「対照」は性質の違いが際立っていること。「対称」は互いに対応してつりあっていること。英語ではコントラスト（対照）とシンメトリー（対称）という言葉で表されます。文脈から考えると、対照ではないことがわかります。

「対照」を使うなら

兄がおとなしくて弟がお調子者。性格が対照的ですね。

○ 正しい日本語

皇帝を挟んで**左右対称**に臣下が着席している。

✕ 残念！

転職してからの3か月は五里夢中の状況でした。

ここが間違い

「五里霧中」は、どうしていいか判断がつかず、まったく見通しが立たないこと。五里（約2㎞）四方に立ちこめる霧の中にいるときのように何も見えない状態をたとえた言葉であり、中国の後漢の時代に張楷《ちょうかい》という人が道術によって五里四方に深い霧（五里霧）を生じさせたとの故事によります。「夢中」は誤り。

「ごり・むちゅう」と区切って読むのも避けたいところ。

○ 正しい日本語

転職してからの3か月は**五里霧中**の状況でした。

5章

「漢字」の間違い ②読み

ずっと正しいと思っていた漢字の読み方が、実は間違っていた――。そんな経験をお持ちではないでしょうか。

一人で文章を読んでいるときには、読み間違いをしてもそんなに困らないかもしれませんが、会議の席で資料を読むとき、スピーチをするときに間違ったら目も当てられません。

この章では、ありがちな漢字の読み間違いを集めました。

元本
割賦
更迭
瑕疵
十六夜

解説にはちょっとした豆知識も付け、答は例文の形にしました。楽しみながらお読みください。

Q 読みはⒶ、Ⓑどっち？

元本

Ⓐがんぽん　Ⓑげんぽん

「元本」は、利益や収入を生み出す元となる財産や権利のこと。「げんぽん」と読むと「原本」と混同されてしまうので要注意です。

答 Ⓐ 元本《がんぽん》保証の金融商品です。

元利

Ⓐがんり　Ⓑげんり

「元利」は元金と利子のこと。「元本」も「元利」も、元は「がん」と読むのが正解です。

答 Ⓐ 元利《がんり》合計額は、このようになります。

工面

Ⓐこうめん　Ⓑくめん

「工面」は、工夫して必要な物（特に金銭）を揃えること。近世には「ぐめん」と読まれ、仮名で表記されることが多かったのですが、江戸期になると「くめん」と読まれるようになりました。

答 Ⓑ 入学金を工面《くめん》した。

Q 読みはⒶ、Ⓑどっち？

割賦

Ⓐわりふ　Ⓑかっぷ

「割賦」は、代金を分割して払うこと。「わっぷ」とも読みます。割賦には月払いをする月賦《げっ ぷ》や年払いをする年賦《ねんぷ》などがあります。なお、「賦」という漢字には「とりたてる」、また「徴収された財物」といった意味があります。

答 Ⓑ 割賦《かっぷ》販売を行う。

年俸

Ⓐねんぼう　Ⓑねんぽう

「年俸」は、1年を単位として支給される俸給のこと。「俸」という字は「棒」に似ていますが「ねんぽう」が正解です。俸という漢字の奉の部分には「両手でささげもつ」の意味があります。

答 Ⓑ A選手の年俸《ねんぽう》は5000万円です。

創業家

Ⓐそうぎょうけ　Ⓑそうぎょうか

「創業家」は、会社などを新しく興した人の一家。事業を始めた人を「起業家《きぎょうか》」といいますが、「そうぎょうか」とはいいません。

答 Ⓐ 創業家《そうぎょうけ》一族が株式を保有している。

瑕疵

Ⓐかし　Ⓑかひ

「瑕疵」は、一般的には「きず・欠点」を表す文章語ですが、法律では「本来あるべき品質を欠いていること」を意味します。売買契約の目的物に瑕疵《かし》がある場合、売主は瑕疵担保責任を負います。また、意思表示にも瑕疵があるとされ、例えば詐欺や強迫による意思表示の場合、表示者は取り消すことができます。

答　Ⓐ　重大な瑕疵《かし》が見つかった。

更迭

Ⓐこうてつ　Ⓑこうそう

「更迭」は、ある地位や役職に就いている人がかわること、また、かえること。「更」「迭」ともに、「かえる」という意味があります。

答　Ⓐ　ついに大臣が更迭《こうてつ》された。

版図

Ⓐはんず　Ⓑはんと

「版」は戸籍、「図」は地図の意味であり、版図は一国の領土を表します。また、「個人の勢力が及ぶ範囲」という意味でも使われます。

答　Ⓑ　大国が版図《はんと》を広げてきた歴史を学ぶ。

Q 読みはⒶ、Ⓑどっち?

上下両院

Ⓐじょうげりょういん　Ⓑじょうかりょういん

「上下両院」は、「上院」と「下院」という2つの議院のこと。上院は二院制の議会で貴族や官選議院などで組織される議院。アメリカでは各州代表によって組織されます。これに対して下院は直接の公選で選ばれた議員で組織される議院。「じょういん」と「かいん」なので「じょうかりょういん」と読みます。

答 Ⓑ 上《じょう》下《か》両院《りょういん》で多数派となった。

法の下

Ⓐほうのした　Ⓑほうのもと

「法の下の平等」は、すべての人が平等であり差別をされてはならないということ。「下」は「した（基準よりも位置が低い）」ではなく「もと（影響が及ぶ範囲）」と読むのが正解です。

日本国憲法は「すべて国民は、法の下に平等であって、人種、信条、性別、社会的身分又は門地により、政治的、経済的又は社会的関係において、差別されない」（14条1項）と定めています。

答 Ⓑ 法の下《もと》の平等は憲法14条に書かれている。

極右・極左

Ⓐごくう・ごくさ　Ⓑきょくう・きょくさ

「極右」は極端な右翼思想、またその思想を持った人。対する「極左」は極端な左翼思想、またその思想の持ち主を意味します。

答　Ⓑ極右《きょくう》・極左《きょくさ》といわれる政治思想。

必定

Ⓐひってい　Ⓑひつじょう

必定は、そうなると決まっていることです。

言いかえ例　必至

答　Ⓑ環境の悪化は必定《ひつじょう》である。

凡例

Ⓐはんれい　Ⓑぼんれい

「凡例」は、書物などのはじめにあり、編集方針や約束事などを示したものです。

答　Ⓐ凡例《はんれい》をよく読んでください。

Q 読みはⒶ、Ⓑどっち？

小正月

Ⓐしょうしょうがつ　Ⓑこしょうがつ

「小正月」は、陰暦1月15日。また、1月14日から16日までの3日間を指すこともあります。元日を「大正月《おおしょうがつ》」と呼ぶのに対していいます。

小正月には全国各地でさまざまな行事が行われますが、有名なものに秋田県のなまはげがあります。

答 Ⓑ 小正月《こしょうがつ》の伝統行事が行われる。

二十四節気

Ⓐにじゅうしせっき　Ⓑにじゅうよんせっき

「二十四節気」は、陰暦で太陽年を太陽の黄経にしたがって24等分し、それぞれに季節の名称をつけたもの。

春は立春、雨水《うすい》、啓蟄《けいちつ》、春分、清明、穀雨、夏は立夏、小満、芒種《ぼうしゅ》、夏至、小暑《しょうしょ》、大暑《たいしょ》、秋は立秋、処暑《しょしょ》、白露《はくろ》、秋分、寒露、霜降《そうこう》、冬は立冬、小雪《しょうせつ》、大雪《たいせつ》、冬至、小寒、大寒に分かれます。

答 Ⓐ 立春《りっしゅん》は二十四節気《にじゅうしせっき》の一つです。

初盆

Ⓐはつぼん　Ⓑしょぼん

「初盆」は、人が亡くなって初めて迎えるお盆のこと。

通常の盆より、丁重に行うこととされ、一般的には白いちょうちんを飾り、特別な棚を設けて供物《くもつ》をそなえ、お経をあげます。

答　Ⓐ　初盆《はつぼん》なので準備をします。

節会

Ⓐせちえ　Ⓑせっかい

「節会」は古代の朝廷で、節日《せつじつ》その他規定の公事《くじ》がある日に催された宴会のこと。天皇が出御《しゅつぎょ》し、酒食を群臣にふるまいました。

正月一日、七日、十六日、三月三日、五月五日、七月七日、十一月大嘗日《だいじょうび》が節日とされ、それぞれ特有の儀式が行われました。

答　Ⓐ　端午《たんご》の節会《せちえ》は宮中行事でした。

Q 読みはⒶ、Ⓑどっち？

黄綬褒章

Ⓐきじゅほうしょう　Ⓑおうじゅほうしょう

「黄綬褒章」は、業務に精励して人々の模範となる人に国から与えられる褒章。褒章には、「紅綬褒章《こうじゅ》」「緑綬褒章」「藍綬褒章《らんじゅ》」「紺綬褒章」「黄綬褒章」「紫綬褒章《しじゅ》」の6種類があり、功績に応じて与えられる褒章が定められます。それぞれの章に付けられた色は、銀製の章（メダル）を吊している綬（リボン）の色を表しています。

「紫綬褒章」という音に引っ張られて「きじゅほうしょう」と読むのは誤り。ちなみに紫綬褒章は学術・芸術上の事績が著しい人に与えられます。

答 Ⓑ 黄綬褒章《おうじゅほうしょう》を授与される。

従一位

Ⓐじゅういちい　Ⓑじゅいちい

「従」は、同じ「位階」を正《しょう》と従の二つに区分したときの下位の階級を表します。現在の日本で国に功績のあった故人に与えられる位階には、正と従の一位から八位まであります。

答 Ⓑ 従一位《じゅいちい》に叙された人物です。

大詰め

テレビの刑事ドラマなどを見ていると「捜査はいよいよ大詰めを迎えた」などのセリフを耳にします。

大詰めは、物事の終わりの段階、最終局面を表します。

この大詰めという言葉は、江戸時代の歌舞伎から生じたものであり、当時は原則として一つの脚本が一番目（時代物）と二番目（世話物）の2部構成となっており、一番目の最後を大詰《おおづめ》、二番目の最後を大切《おおぎり》と呼んでいました。

のちに最終幕を指して大詰というようになり、歌舞伎以外の芝居にも使われるようになりました。それが転じて物事の終わりを意味する日常語となったわけです。

ちなみに、先ほど出てきた「大切」は、落語家や芸人さんがやっている大喜利につながる言葉です。もともと芝居で最後の演目を意味していたものが、寄席で最後の演者が終わった後に見せるサービスの演芸を指すようになり、現在ではこちらの意味が一般化しました。

なぜ「大喜利」なのかというと、「切」の字を忌み、縁起をかついだからです。

Q 読みはⒶ、Ⓑどっち？

唐衣

Ⓐからぎぬ　Ⓑとうい

「唐衣」は、平安時代の女性が十二単《じゅうにひとえ》の上に着た丈の短い衣服。材質には錦《にしき》、綾《あや》、平絹《ひらぎぬ》などを使い、禁色である青や赤の唐衣は、高位の女房でなければ着用できませんでした。

和歌で「着る」にかかる枕詞として使うときには「からころも」と読みます。

古今集の在原業平《ありわらのなりひら》に次の名歌があります。

「唐衣　きつつなれにし　妻しあれば　はるばるきぬる　旅をしぞ思ふ」

（何度も着てなじんだ衣服のように、慣れ親しんだ妻が都にいるので、はるばる遠くまでやってきたこの旅をさびしく思っている）

答

Ⓐ 唐衣《からぎぬ》は平安時代の女性の正装です。

月光菩薩

Ⓐがっこうぼさつ　Ⓑげっこうぼさつ

「月光菩薩」は、薬師如来《やくしにょらい》の脇侍《きょうじ》（本尊の両脇に安置される像）。右脇に侍し、左脇の日光菩薩《にっこうぼさつ》とともに薬師三尊を成します。特に薬師寺金堂や東大寺ミュージアムの像などが有名です。

答　Ⓐ　東大寺で月光菩薩《がっこうぼさつ》像を見ました。

回向

Ⓐえこう　Ⓑかいこう

回には「めぐらす」、向には「さしむける」という意味があります。「回向」は、自分の行った善行をめぐらして、自分や他人を悟りに差し向けること。転じて、仏事を行って死者の冥福《めいふく》を祈ることを意味するようになりました。廻向とも書きます。

ちなみに回向院は東京墨田区両国にある浄土宗の寺院。1657年の明暦の大火による犠牲者を回向するために開かれました。1781年に境内で勧進《かんじん》相撲が行われるようになり、現在の大相撲発祥の地となりました。両国国技館は回向院に由来しているのです。

言いかえ例　供養

答　Ⓐ　お寺に回向《えこう》料を寄進しました。

Q 読みはⒶ、Ⓑどっち？

般若心経

Ⓐはんにゃしんきょう　Ⓑはんにゃしんぎょう

「般若心経」は、仏教の経典の一つで「般若波羅蜜多心経《はんにゃはらみたしんぎょう》」の略。「色即是空《しきそくぜくう》、空即是色《くうそくぜしき》」（宇宙にあるすべての物体の本質は実体のない空であり、空であることによってすべての物体が成り立っている）の言葉などが有名です。

複数の漢訳がありますが、日本では唐の玄奘《げんじょう》訳が流布しています。

答　Ⓑ 毎日、般若心経《はんにゃしんぎょう》を唱えています。

薪能

Ⓐまきのう　Ⓑたきぎのう

「薪能」は、奈良県興福寺の修二会《しゅにえ》（法会）の期間中に、南大門前で演じられた神事能。幕末に途絶えましたが、近年になって簡略化されて復興が実現し、毎年5月11・12日に行われます。

なお、最近では社寺などで薪をたいて夜間に行われる野外能も、一般に薪能と呼ばれています。

答　Ⓑ 薪能《たきぎのう》を鑑賞しました。

名主

Ⓐなぬし　Ⓑみょうしゅ

「名主《なぬし》」は、江戸時代の村役人の呼称。西日本では「庄屋《しょうや》」、東北や北陸などでは「肝煎《きもいり》」といいました。

名主は年貢の取り立て、戸籍事務、書類の作成・押印、他村や領主との折衝などを行いました。村の有力者が務め、世襲されることが多かったのですが、交代制や選挙で選んだ村もあったそうです。

名主《みょうしゅ》と読む場合は、平安時代から中世を通じて名田《みょうでん》を所有し、年貢などの納入責任を持つ農民を指します。多くの名田を運営する大名主もいて、そこから武士団（大名）が発生しました。同じ名主でも読み方によって意味が違うので、覚えておきましょう。

答 Ⓐ 先祖は江戸時代に名主《なぬし》でした。

遡る

Ⓐよみがえる　Ⓑさかのぼる

「遡る」は、川の流れに逆らって上流に向かうこと。また、過去や根本に立ち返ることです。

答 Ⓑ 有休は遡《さかのぼ》って消化できます。

Q 読みはⒶ、Ⓑどっち?

郷に入っては郷に従え

Ⓐごうにはいってはごうにしたがえ
Ⓑごうにいってはごうにしたがえ

「郷に入っては郷に従え」は、人は住んでいる土地の風習や習慣に従うべきであるという意味のことわざです。「入って」を「はいって」と読んだり、「行って」と書いたりするのは誤りです。英語にも似たような格言としてWhen in Rome, do as Romans do.（ローマにあってはローマ人のごとくせよ）があります。

答 Ⓑ郷《ごう》に入《い》っては郷に従え。勝手な真似はしないほうがいいよ。

八百八町

Ⓐはっぴゃくはっちょう　Ⓑはっぴゃくやちょう

「八百八町」は、江戸市中に町の数が多いことをいう言葉。江戸の町全体を指す言葉でもあります。江戸期に十返舎一九《じっぺんしゃいっく》が書いた滑稽本『東海道中膝栗毛《ひざくりげ》』には「まづ大江戸の八百八町、とこしなへにして尽きず」（まず大江戸の多くの町は、長く繁栄が続いて尽きることがない）という記述があります。808の町があったということではなく、「八百八」は「数が多い」という意味で使われています。

答 Ⓑ江戸の町は、大江戸八百八町《はっぴゃくやちょう》と呼ばれました。

多言を弄する

Ⓐたごん　Ⓑたげん

「多言を弄する」は、口数多く言うことです。

答 Ⓑ 多《た》言《げん》を弄《ろう》して騙そうとしても、そうはいかない。

柿落とし

Ⓐかきおとし　Ⓑこけらおとし

「かき」と読んでしまいそうですが、正解は「こけら」。

「こけら」は、材木を削ったときに出る削りくず。劇場の工事が終わったときに、屋根や足場に残った「こけら」を払い落としたことから、「柿落とし」は、新築または改築された劇場で最初に行われる興行を意味する言葉となりました。

ところで柿《こけら》と果物の柿《かき》の字は、一見すると同じに見えますが、実は違う文字です。柿《かき》のつくりは亠と巾に分かれますが、柿《こけら》の場合は縦の棒が上から下まで一本です。そのため柿《かき》の画数は9画、柿《こけら》の画数は8画と異なるのです。

答 Ⓑ 柿《こけら》落とし公演が行われます。

Q 読みはⒶ、Ⓑどっち？

四代目　Ⓐよんだいめ　Ⓑよだいめ

歌舞伎役者や落語家など伝統芸能の世界では、四代目を「よだいめ」と読みます。四はもともと「よ」だったものに、撥音《はつおん》「ん」が付いて「よん」と読むようになりました。

答　Ⓑ　四代目《よだいめ》の名人芸を堪能する。

七代目　Ⓐしちだいめ　Ⓑななだいめ

「七回忌《しちかいき》」「七分袖《しちぶそで》」なども七を「しち」と読みます。

答　Ⓐ　七代目《しちだいめ》を襲名した。

九代目　Ⓐきゅうだいめ　Ⓑくだいめ

武道などの段位も「九段《くだん》」と読みます。

答　Ⓑ　九代目《くだいめ》松本幸四郎が出演しています。

歌舞伎用語から生まれた日常語②

修羅場《しゅらば》

激しい争いの場のことを表す「修羅場」という言葉があります。

「浮気の現場に妻が乗り込んできて修羅場と化した」といった使われ方をします。

修羅場は、仏教で阿修羅《あしゅら》と帝釈天《たいしゃくてん》が争う場所。そこから演劇、講談、歌舞伎の中で闘争する場面を指して「修羅場」というようになりました。

能では二番目（1日に5つの演目を上演するときの2番目）を修羅物《もの》といい、『平家物語』の登場人物の霊が現れ、戦いの場面や死後の苦しみを見せます。歌舞伎や講談などでは激しい戦闘の場面をいい、特に講談では「しらば」「ひらば」ともいいます。

仮名垣魯文《かながきろぶん》の『西洋道中膝栗毛』に、

「前座が修羅場の素読《すよみ》をするうちは騒々しくって寝られねへが」

とあります。「講談を修行中の人が闘争場面を音読しているのがうるさくて寝られない」ということです。

Q 読みはⒶ、Ⓑどっち？

瞬く　Ⓐまたたく　Ⓑしばらく

「瞬く」は「目叩《またた》く」のことであり、「まばたきをする」「光が明滅する」の意味がありま す。「瞬く間」は、「1回まばたきをするくらいの、極めて短い時間」を表す慣用句。なお「瞬く（ぐ）」には「またたく」「まばたく」「しばたたく」「まじろぐ」という4通りの読み方があります。

答 Ⓐ 瞬《また》く間に噂は広がった。

枚挙《まいきょ》に暇がない　Ⓐいとま　Ⓑひま

「枚挙に暇がない」は、たくさんありすぎていちいち数え切れないこと。「枚挙」は一つひとつ数え上げること、「暇」は時間的な余裕を意味します。

答 Ⓐ この手の事件は枚挙に暇《いとま》がない。

朱を入れる　Ⓐあか　Ⓑしゅ

「朱《しゅ》を入れる」は、朱墨《しゅぼく》で訂正や添削《てんさく》をすること。単に文章を添削するときにも使う表現です。

答 Ⓑ 先生が原稿に朱《しゅ》を入れた。

刹那

Ⓐせつな　Ⓑさつな

「刹那」は、「時間の最小単位」を意味する仏教語。65刹那を1弾指（指で弾く短い時間）とする説があります。「刹那的な生き方」や「刹那主義」といった言葉は「過去や将来のことは考えず、現在だけよければよい」というスタンスを表す言葉です。

答　Ⓐ　彼女は刹那《せつな》に生きている人だ。

脅し取る

Ⓐだましとる　Ⓑおどしとる

「脅す」は、怖がらせること、恐れさせること。もともと「おじる（怖じる）」が変化したもので「おどす」と読みます。

ところで「おどす」には「威す・嚇す」という表記もありますが、これらは「力を見せつけて相手を威嚇する」というニュアンスで使われます。

答　Ⓑ　現金を脅《おど》し取る事件が発生した。

鼻白む

Ⓐはなじろむ　Ⓑはなじらむ

「鼻白む」は興ざめな顔をすること。また気後れした顔をすることも意味します。

答　Ⓐ　部長の無粋な冗談に全員が鼻白《はなじろ》んだ。

Q 読みはⒶ、Ⓑどっち？

夭折

Ⓐようせい　Ⓑようせつ

「夭折」は、若くして死ぬこと。同じ意味の言葉である「夭逝《ようせい》」と混同しないように注意しましょう。

答　Ⓑ　夭折《ようせつ》した音楽家の物語を読んだ。

間髪をいれず

Ⓐかんはつ　Ⓑかんぱつ

「間髪をいれず」は、事態が切迫していることを指していましたが、現在は「すぐさま、とっさに」の意味で使われる慣用句。

『文選《もんぜん》』の枚乗《ばいじょう》「呉王を諫むる書」に「間不容髪」とあるのが語源であり、間に髪の毛を1本も入れるすきまもないという意味が元になっています。

ですので、「間髪」を一語と捉えて「かんぱつ」と読むのは間違い。正しくは「かん、はつをいれず」と読みます。

答　Ⓐ　間髪《かんはつ》をいれず、質問に答える。

縊死

Ⓐいし　Ⓑえきし

「縊死」は、首をくって死ぬこと。文章語であり、日常会話ではほとんど使われない言葉です。「縊」という漢字には「自分で自分の首をくって死ぬ」という意味があります。

■言いかえ例■ **首くくり／首つり／縊首《いしゅ》**

答 Ⓐ **縊死《いし》が報じられた。**

金の草鞋で探す

Ⓐきんのわらじ　Ⓑかねのわらじ

「金の草鞋で探す」は、「すり切れることのない鉄製の草鞋を履いて尋ね歩く」という意味から、根気よく探し回ること。多くの場合、下に打ち消しの句を伴って、得がたい物事のたとえとして使われます。「金」は「鉄」であり、「黄金《こがね》」ではありません。

答 Ⓑ **金《かね》の草鞋《わらじ》で探しても、なかなか出会えない働き者だ。**

戯作者

Ⓐげさくしゃ　Ⓑぎさくしゃ

「戯作者」は、江戸後期の通俗小説の作者。平賀源内もそのうちの一人として有名です。ほかに山東京伝、式亭三馬、十返舎一九などが知られています。

答 Ⓐ **山東京伝は江戸期の有名な戯作者《げさくしゃ》だ。**

Q 読みはⒶ、Ⓑどっち?

暢気

Ⓐのんき　Ⓑようき

「暢気」は、のんびりしていること、気が長いこと。「のん」は「暖」の唐宋音（中国から入ってきた漢字音の一種）。

■言いかえ例■ 気楽／安楽

答 Ⓐ 先輩は暢気《のんき》な人だ。

播種

Ⓐばんしゅ　Ⓑはしゅ

「播種」は種まきのこと。医学の分野では、種をまいたように細菌やがん細胞などが体内に分布することを意味します。

答 Ⓑ 播種《はしゅ》期を迎えた。

相好

Ⓐそうこう　Ⓑそうごう

「相好」とは顔つき、顔かたちのこと。仏の顔かたちの特徴を「三十二《さんじゅうに》相八十種好《そうはちじっしゅごう》」といい、そこから相好という言葉が生まれました。「相好を崩す」は、顔をほころばせて大いに喜ぶ様子を表す慣用句です。

答 Ⓑ 相好《そうごう》を崩して喜んでいます。

曳航

Ⓐえいこう　Ⓑようこう

「曳航」は、船が他の船を引っ張って航行すること。三島由紀夫に『午後の曳航』という長編小説があります。

答　Ⓐ　港に曳航《えいこう》中の船が見えました。

一入

Ⓐひとしお　Ⓑひといり

「一入」は、ひときわ、一層のこと。入《しお》は染め物を染料につける回数を表します。染料につけるたびに、染め物の色がどんどん濃くなっていくことからできた言葉です。

答　Ⓐ　子どもの卒業式に感慨も一入《ひとしお》です。

愛娘

Ⓐまなむすめ　Ⓑあいこ

「愛娘」は最愛の娘、特に可愛がっている娘。愛《まな》は、愛弟子《まなでし》など、人を表す名詞の上について、「非常に可愛がっている」ことを意味します。

答　Ⓐ　課長の愛娘《まなむすめ》は小学生です。

Q 読みはⒶ、Ⓑどっち?

揮毫

Ⓐきもう　Ⓑきごう

「揮毫」は、毛筆で文字や絵をかくこと。揮毫の「揮」はふるう、「毫」は筆の意味があります。

答 Ⓑ 先生が揮毫《きごう》を求められて書きました。

悪阻

Ⓐあくそ　Ⓑつわり

「悪阻」は、妊娠2~4か月頃に見られる食欲不振、吐き気、嘔吐《おうと》、嗜好《しこう》の変化などの症状。特に病的なつわりを指して「おそ」とも読みます。

答 Ⓑ 妻がひどい悪阻《つわり》に悩まされています。

臭覚

Ⓐきゅうかく　Ⓑしゅうかく

「臭覚」は、においに反応する感覚。一般的に使われることの多い「嗅覚《きゅうかく》」と同じ意味ですが、読みは「しゅうかく」です。

答 Ⓑ 犬の臭覚《しゅうかく》は非常に鋭い。

歌舞伎用語から生まれた日常語③

二枚目・三枚目

今ではそこまで使われなくなってきましたが、昔はイケメンの男性を指して「二枚目」、お笑い担当の人を「三枚目」などと呼ぶことがよくありました。

二枚目は、歌舞伎の役柄の一つ。劇中で優しい仕草と言葉を使い、女性に好かれる美男子の役です。江戸時代に番付や看板で右から二番目に置かれた花形役者がこの役を務めたことから、この言葉が使われるようになりました。それが広く芸能の世界で使われるようになり、一般にも浸透したということです。

三枚目は、歌舞伎で滑稽な役柄を演じる道化方《どうけがた》の別称。二枚目の語源と同じく、昔の番付や看板でこの役を専門とする役者を三枚目に置くことが慣例だったことから、この言葉が使われるようになりました。

ちなみに、一枚目には座頭《ざがしら》や主役の役者が置かれました。また、二枚目の容姿を持ちながら三枚目の役どころを担う人を指す「二枚目半」という言葉もあります。

Q 読みはⒶ、Ⓑどっち?

妄執

Ⓐもうしゅう　Ⓑもうしつ

「妄執」は、「心の迷いから物事に執着すること」を意味する仏教語。古くは「もうじゅう」とも読んでいたようですが、現在は「もうしゅう」と読みます。

答 Ⓐ 父は妄執《もうしゅう》にとらわれています。

騙る

Ⓐかたる　Ⓑはかる

「騙る」は、人をだまして金品などを取ること。また、悪事を行うために名前を偽ること。親しそうに「語る」ことからできた言葉です。

答 Ⓐ 市の職員を騙《かた》った詐欺事件が起きている。

喧伝

Ⓐかんでん　Ⓑけんでん

「喧伝」は、世間に向けて盛んに言いはやすこと。「喧」には「大声でがやがや言う」の意味があります。

答 Ⓑ これは世に喧伝《けんでん》されている説です。

当て推量

Ⓐあてすいりょう　Ⓑあてずいりょう

「当て推量」は、確かな根拠もなしに、勝手に推し量ること。

言いかえ例　**当てずっぽう／憶測／心当て**

答　Ⓑ　当て推量《ずいりょう》で発言してはいけません。

楔形文字

Ⓐきっけいもじ　Ⓑせっけいもじ

「楔形文字」は、紀元前3000年頃にシュメール人が発明し、バビロニア、アッシリア地方など古代オリエントで広く使われた文字。粘土板に葦《あし》の茎を用いて記され、楔《くさび》のような形をしています。「くさびがたもじ」とも読みます。

答　Ⓑ　先生は楔形《せっけい》文字《もじ》の研究をされています。

口腔外科

Ⓐこうくうげか　Ⓑこうこうげか

「口腔外科」は、口腔（口からのどまでの空間になった部分）とその周辺の病気や外傷について診断・治療を行う診療科目。歯科と併設されている場合もあります。口腔は本来「こうこう」と読みますが、医学の分野では慣用的に「こうくう」と読みます。

答　Ⓐ　口腔《こうくう》外科の専門医を紹介された。

Q 読みはⒶ、Ⓑどっち？

三行半

Ⓐさんぎょうはん　Ⓑみくだりはん

「三行半」は「三下り半」とも書き、「みくだりはん」と読みます。三行半は江戸時代の庶民の間で夫から妻（または妻の父兄）にあてた離縁状の俗称です。

当時は基本的に夫だけに離婚の権利があり、離縁状を交付することで離婚が成立しました。妻に対する再婚許可証の意味もありました。現在は「妻が夫に三行半」などと言っていますが、もともとは夫からあてたものだったのです。

離縁状には、離婚することと妻の再婚を許可することが記されたのですが、この文面を三行半に書く慣習があったことから「三行半」の呼称が定着しました。

言いかえ例　離縁状

答　Ⓑ　ついに夫から三行半《みくだりはん》を突きつけられた。

継子

Ⓐままこ　Ⓑつぎこ

「継子」は、血のつながりのない子。文章語として「継子《けいし》」を使うこともあります。映画も大ヒットになった漫画作品『鬼滅の刃』では、継子《つぐこ》と呼ばれる存在が描かれていました。ここでの継子は「柱」と呼ばれる最強剣士によって育てられる候補生のことです。

答　Ⓐ　継子《ままこ》だからと複雑な思いがあった。

玄孫

Ⓐひまご　Ⓑやしゃご

「玄孫」は、「やしわご」から転じた言葉で、ひ孫の子、孫の孫の孫のこと。「げんそん」ともいいます。

答 Ⓑ 最近、玄孫《やしゃご》が産まれました。

平生

Ⓐへいぜい　Ⓑへいせい

「平生」は、ふだん、いつも、平素という意味の言葉です。

■言いかえ例■　**平常／平素／常日頃**

答 Ⓐ 平生《へいぜい》の準備が重要だ。

抽斗

Ⓐじょうろ　Ⓑひきだし

「抽斗」は、机やたんすなどに取り付けて抜き差しできるようにされた箱のこと。「引き出し」「抽出」とも書きます。ちなみに机や食器棚の抽斗は「杯」で数え、たんすの抽斗は「本」で数えることもあります。

答 Ⓑ たんすの抽斗《ひきだし》に現金をしまった。

Q 読みはⒶ、Ⓑどっち?

団扇

Ⓐせんす　Ⓑうちわ

答 Ⓑ 参加者には団扇《うちわ》が配られる予定です。

「団扇」は、もともと四角形のものもありましたが、しだいに円形が主流になり、「まるい」という意味がある「団」が入った「団扇」の文字が使われるようになったとされます。

一言居士

Ⓐいちげんきょし　Ⓑいちげんこじ

答 Ⓑ さすが一言居士《いちげんこじ》、黙っていなかった。

「一言居士」は、何事にも自分の意見を一言口にしないと気が済まない人。「一言」はひとこと、「居士」は出家せずに家で仏道の修行をする男子のこと。「一言抉《こじ》る」(異議をはさむ)をもじった言葉であり「いちごんこじ」とも読みます。

一世一代

Ⓐいっせいいちだい　Ⓑいっせいちだい

答 Ⓑ 一世一代《いっせいちだい》の名シーンが撮影できました。

「一世一代」は、能や歌舞伎の役者が、引退を前にして一生の仕納めとして得意の芸を演じること。一般には「一生に一度の見事な行為」を意味します。「一世一度」から転化した言葉とされます。

傍目八目

Ⓐはためはちもく　Ⓑおかめはちもく

「傍目八目」は、他人の囲碁を近くで見ている人は、対局者よりも八目先の手を読めることから、「当事者よりも第三者のほうが、物事のよしあしを見極めることができる」という意味の四字熟語です。「傍目」は「岡目」とも書きます。

答 Ⓑ 傍目八目《おかめはちもく》というだけあって、鋭い指摘をしてくれました。

箴言

Ⓐかんげん　Ⓑしんげん

「諫言」との混同で「かんげん」と読むのは間違いです。箴言は、いましめとなる短い句や格言のこと。また、種々の格言を集めた旧約聖書の一書でもあります。

答 Ⓑ 哲学者の箴言《しんげん》集を愛読しています。

世間《せけん》の柵

Ⓐしがらみ　Ⓑしきたり

「柵」は「さく」とも「しがらみ」とも読みますが、この文脈では「しがらみ」と読むのが正解です。柵《しがらみ》は水流をせきとめるために、打ち並べた杭の横に竹や木をからみつかせた仕掛けのこと。転じて「まとわりつくもの」「身を束縛するもの」を意味します。

答 Ⓐ 世間の柵《しがらみ》から逃れられない。

Q 読みはⒶ、Ⓑどっち？

誤謬

Ⓐごびゅう　Ⓑごしん

「誤謬」は誤り、間違いのこと。誤も謬も「誤る」という意味です。

答 Ⓐ 誤謬《ごびゅう》があれば正す必要があります。

忸怩

Ⓐじゅくじ　Ⓑじくじ

「忸怩」は、反省して恥じ入るさま。「忸」「怩」ともに、恥じて顔が赤くなるという意味があります。「もどかしい」「腹立たしい」という意味で使うのは誤りです。

答 Ⓑ 準備不足で残念な結果となり、忸怩《じくじ》たる思いです。

遂行

Ⓐついこう　Ⓑすいこう

「遂行」は物事を最後まで成し遂げること。「遂に」の連想で「ついこう」と読むのは誤り。

答 Ⓑ 計画通りに遂行《すいこう》してください。

漸増

Ⓐざんぞう　Ⓑぜんぞう

「漸増」は、だんだん増えることです。「漸く」は「ようやく」と読みます。

答 Ⓑ ありがたいことに、入会者は漸増《ぜんぞう》しています。

漸進

Ⓐぜんしん　Ⓑざんしん

漸進は、順を追ってだんだん進むことです。

答 Ⓐ 漸進《ぜんしん》的に、改革を進めてまいります。

陶冶

Ⓐとうや　Ⓑとうじ

「陶冶」は、人間の才能や性質を円満に育成すること。陶器や鋳物を作るという意味から転じた言葉です。「冶」は「ねりあげる」という意。

答 Ⓐ 本学は人格の陶冶《とうや》を目指しています。

九十九折り

Ⓐつづれおり　Ⓑつづらおり

「九十九折り」は、幾重にも折れ曲がった坂道のこと。「葛折り」とも書きます。名字では「九十九《つくも》」とも読みます。つる性植物の葛《つづら》が幾重にも折れ曲がって伸びることからできた言葉です。

答 Ⓑ 九十九折《つづらお》りの道を上がるとゴールです。

Q 読みはⒶ、Ⓑどっち?

敵愾心

Ⓐてきたいしん　Ⓑてきがいしん

「敵愾心」は、敵を倒そうとする闘争心。「愾」には「恨み怒る、憤る」の意味があります。

答 Ⓑ 敵愾心《てきがい》を、いたずらにあおるべきではない。

仄聞

Ⓐかいぶん　Ⓑそくぶん

「仄聞」は、ほのかに聞くこと、人づてに聞くことを意味します。

答 Ⓑ 仄聞《そくぶん》するところによれば、会社を退職されたとのことです。

台頭

Ⓐだいとう　Ⓑたいとう

「台頭」は、頭をもたげること、勢力を伸ばしてくること。「擡頭」の代用表記です。

答 Ⓑ ＩＴ企業が台頭《たいとう》してきました。

鋳造

Ⓐちゅうぞう　Ⓑいぞう

「鋳造」は、金属を溶かして鋳型《いがた》に流し込み、成形することです。

答 Ⓐ 貨幣を鋳造《ちゅうぞう》する。

6章

「漢字」③変化してきた読み方

漢字の中には、時代の流れとともに読み方が変化してきたもの、複数の読み方が認められてきたものがあります。

この章では、そんな漢字を二択形式でピックアップし、どの読み方をしたらよいのかを解説しています。

他人事
一段落
世論
一日の長
残滓

果たして、これらの漢字は、どう読むのが正解なのでしょうか？
常識的な読み方を知っておけば、もう安心です。

Q 読みはⒶ、Ⓑどっち?

他人事

Ⓐひとごと　Ⓑたにんごと

「他人事」は、他人に関すること、自分とは関係ないこと。本来は「ひとごと」が正しいのですが、国語辞書でも「たにんごと」という言葉が載っています（『精選版　日本国語大辞典』、『広辞苑』、『明鏡国語辞典』）。

「ひとごと」はもともと「人事」と表記されていたのですが、明治・大正期の文学者の間で「他人事《ひとごと》」と書かれることが多くなりました。おそらく「人事《じんじ》」との混同を避けたのでしょう。のちにふりがなが取られて表記されるようになった結果、「たにんごと」と読む人が増えてきたというわけです。

答　本来はⒶ。現在はⒷもあり。

上意下達

Ⓐじょういげだつ　Ⓑじょういかたつ

「上意下達」は、上の者の考えや命令を下位の者に伝えること。上意は上位者の意向、下達はその意向が下位の者に届くことを意味します。

最近は「上意下達のコミュニケーション」のように、ピラミッド型の組織をネガティブに取り上げるときに使われがちな言葉です。

答　Ⓑ じょういかたつ

Q 読みはⒶ、Ⓑどっち?

一日の長

Ⓐいちにちのちょう　Ⓑいちじつのちょう

「一日の長」は、少し年を取っていること。また、技術や経験が少し優れていること。特に後者の意味でよく使われる言葉です。

「論語・先進」に、
「吾《わ》が一日爾《なんじ》より長ずるを以て、吾を以てするなかれ（私に一日の長があるからといって、遠慮する必要はない）」
との孔子の言葉があることに由来します。

答　Ⓑ「いちじつのちょう」が望ましい

世論

Ⓐよろん　Ⓑせろん

「世論」は、世間一般の人の意見。もともとは「輿論」と書いて「よろん」と読んでいましたが、戦後に告示された当用漢字表に「輿」の字が含まれなかったため、「世論」と書いて「よろん」と読ませるようになりました。このため「せろん」「よろん」に読みが分かれています。

答　どちらも正しい

（カラオケの）十八番　Ⓐおはこ　Ⓑじゅうはちばん

「十八番」は、得意な芸、とっておきの芸のこと。江戸歌舞伎の七代目市川團十郎が市川家の得意な演目を18種類選んだ「歌舞伎十八番」に由来します。

この歌舞伎十八番の台本を箱に入れて大切に保管したことから「おはこ」と呼ばれるようになったとする説があります。

また、「箱書き（鑑定書）付き」の意味と、当たり狂言を「十八番」と呼んだことが重なったためとする説も有力です。

答　どちらも正しい

容体　Ⓐようだい　Ⓑようたい

「容体」は、病気やケガの様子。

「ようたい」ともいいますが、伝統的な読み方は「ようだい」です。

言いかえ例　**病状／症状／病態**

答　Ⓐ「ようだい」が望ましい

Q 読みはⒶ、Ⓑどっち？

鳩尾

Ⓐきゅうび　Ⓑみぞおち

「鳩尾」は、「みずおち」が訛《なま》った言葉。胸の中央部、胸骨の下のほうにあるへこんだ部分を指し、心窩《しんか》ともいいます。「きゅうび」とも読みますが、「みぞおち」が一般的です。

答 Ⓑ「みぞおち」が望ましい

一段落

Ⓐいちだんらく　Ⓑひとだんらく

「一段落」は、物事が一つの区切りまで片付くこと。「ひとだんらく」と読む人も増えていますが、本来は「いちだんらく」が正解です。

答 Ⓐ「いちだんらく」が望ましい

多士済々

Ⓐたしせいせい　Ⓑたしさいさい

「多士済々」は、優れた人物が多くいる様子のこと。「多士」は多くの人材、「済々」は多く盛んである様子を意味します。本来は「せいせい」ですが、現在は「さいさい」とも読みます。「済々」を「斉々」と書くのは誤りです。

答 Ⓐ「たしせいせい」が望ましい

先を越す

Ⓐさきをこす　Ⓑせんをこす

「先を越す」は、相手に先んじて物事をすること。先は「さき」とも「せん」とも読みます。

答　どちらも正しい

選りすぐり

Ⓐえりすぐり　Ⓑよりすぐり

「選りすぐり」は、よいものの中から特に優れたものを選び出すこと。「よりすぐり」とも「えりすぐり」とも読みます。

固執

Ⓐこしつ　Ⓑこしゅう

答　どちらも正しい

「固執」は、他人の意見などを受け入れようとせず、自分の考えをまげないこと。「こしゅう」とも「こしつ」とも読みます。

答　どちらも正しい

Q 読みはⒶ、Ⓑどっち？

残滓　Ⓐざんし　Ⓑざんさい

「残滓」は、残りかすのこと。

特に、よくないもののなごりを意味するときに使われます。「ざんさい」は慣用読みであり「ざんし」の読みが望ましいです。

答 Ⓐ「ざんし」が望ましい

自力　Ⓐじりょく　Ⓑじりき

「自力」は、自分ひとりの力。「じりょく」とも読みますが、一般的には「じりき」と読みます。

答 Ⓑ「じりき」が望ましい

相殺　Ⓐそうさい　Ⓑそうさつ

「相殺」は貸し借り、損得などの差し引きをなしにすること。殺は「ころす」ではなく「へらす」の意味です。

「そうさつ」は慣用読みであり、本来は「そうさい」と読みます。

答 Ⓐ「そうさい」が望ましい

ネット検索のコツ

知らない言葉を見聞きしたとき、便利でお手軽なのは、手持ちのスマホなどで検索して調べる方法です。「ネットの情報には間違いが多い」といわれることもありますが、時代とともに情報の精度は確実に上がってきています。

ネットで言葉を検索するときは、一つのページを見て納得するのではなく、複数のページにあたって、さまざまな角度から確認することが重要です。

例えば、ある言い回しについて、一つのページでは「誤用である」と解説されているのに対して、別のページでは「正しい」とされていることがあります。こんなときに、複数のページをチェックすると、「本来は違う意味だったが、時代とともに用例が変化してきた」「誤用とは言い切れない」といった解説が多いことがわかったりします。

その場合は、「昔は間違いだったけど、今では認められつつある言葉なんだな」などと総合的に判断できます。もちろん、多くのページで解説されているからといって正解とは限りませんが、言葉の用例についておおよその傾向をつかむことができます。

続柄　Ⓐぞくがら　Ⓑつづきがら

「続柄」は、親族としての関係のこと。本来「つづきがら」と読みますが、俗に「ぞくがら」とも読まれます。

答　Ⓑ「つづきがら」が望ましい

端緒　Ⓐたんしょ　Ⓑたんちょ

「端緒」は手がかり、いとぐちのこと。本来は「たんしょ」ですが、「たんちょ」の慣用読みが一般化しています。

答　どちらも正しい

剽軽　Ⓐひょうけい　Ⓑひょうきん

「剽軽」は、軽率で滑稽《こっけい》なこと。「きん」は「軽」の唐宋音（中国から入ってきた漢字音の一種）です。

答　Ⓑ「ひょうきん」が望ましい

畳紙

Ⓐたたみがみ　Ⓑたとうがみ

「畳紙」は、折りたたんで懐に入れ、鼻紙として使用したり歌を書いたりした紙。時代によって使われる紙の種類は異なりますが、平安時代から江戸時代まで公家や武家で使われました。「たとうがみ」が一般的です。

答 Ⓑ「たとうがみ」が望ましい

不一

Ⓐふいち　Ⓑふいつ

「不一」は、手紙の末尾に添え、「自分の気持ちを十分に書き尽くしていない」という気持ちを伝える言葉です。

答 Ⓑ「ふいつ」が望ましい

有職故実

Ⓐゆうしょくこじつ　Ⓑゆうそくこじつ

「有職故実」は、朝廷や武家に伝わる儀礼、官職、制度、法令などに関する先例のこと。また、それを研究する学問を意味します。有職は古くは「有識」と書き、歴史や故事に精通している人をいいました。

答 Ⓑ「ゆうそくこじつ」が望ましい

Q 読みはⒶ、Ⓑどっち?

逐一

Ⓐちくいち　Ⓑちくいつ

「逐一」は、一つひとつ順を追うこと。また、「詳しく」の意味でも使われます。

答 Ⓐ「ちくいち」が望ましい

直截的

Ⓐちょくさいてき　Ⓑちょくせってき

「直截」は、まわりくどくなく、きっぱりしていること。「ちょくさい」は慣用読みです。

答 Ⓑ「ちょくせってき」が望ましい

伝播

Ⓐでんぱん　Ⓑでんぱ

「伝播」は、伝わり広まること。「でんぱん」は慣用読みです。

答 Ⓑ「でんぱ」が望ましい

有徳

Ⓐゆうとく　Ⓑうとく

「有徳」は、徳が備わっていること。富裕であるとの意味もあります。「ゆうとく」「うとく」どちらの読みも可能です。

答 どちらも正しい

天上天下唯我独尊《ゆいがどくそん》

Ⓐてんじょうてんげ　Ⓑてんじょうてんが

「天上天下唯我独尊」は、「宇宙の中で自分より尊いものはない」という意味の言葉。釈迦が生まれたときに、7歩歩いて一方の手を天に向け、もう一方の手を地に向けて唱えたと伝えられます。

天下は「てんが」とも読みます。「唯我独尊」は「世の中で自分が一番優れている」というううぬぼれのニュアンスで使われがちですが、本来は個の尊厳を表した言葉です。

答　Ⓐ「てんじょうてんげ」が望ましい

天智天皇

Ⓐてんちてんのう　Ⓑてんじてんのう

天智天皇は、7世紀頃の天皇（第38代）。舒明天皇の子であり、母は皇極天皇。中大兄皇《なかのおおえのおう》子《じ》ともいいます。

中臣鎌足《なかとみのかまたり》と謀って蘇我氏を滅ぼし、大化の改新を断行しました。667年に都を近江大《おうみ》津に移し、近江令の制定、戸籍の整備などを行いました。『万葉集』にも長歌1首、短歌3首を残しています。「てんちてんのう」とも読みますが、「てんじてんのう」と読むのが一般的です。

答　Ⓑ「てんじてんのう」が望ましい

Q 読みはⒶ、Ⓑどっち？

浅草寺

Ⓐせんそうじ　Ⓑあさくさでら

「浅草寺」は、東京都台東区浅草にある聖観音宗《しょうかんのん》の寺。仏教は中国から由来したため、お寺は音読みが多く、神社は日本のものなので訓読みになることが一般的です。

答 Ⓐ「せんそうじ」が望ましい

乳離れ

Ⓐちばなれ　Ⓑちちばなれ

「乳離れ」は、乳児が成長して乳を飲まなくなること。転じて、子どもが成長して親の保護から独立するという意味でも使われます。「ちちばなれ」とも読みますが、本来は「ちばなれ」です。

答 Ⓐ「ちばなれ」が望ましい

紫陽花

Ⓐあじさい　Ⓑしようか

「紫陽花」は、ユキノシタ科の観賞用落葉低木。初夏の時期に球状の花が咲きます。「あじ（あぢ）」は集まること（あつ）、「さい」は真藍《さあい》を意味し、青い花が固まって咲く様子から「あじさい」の名がついたとされています。

答 Ⓐ「あじさい」が望ましい

「アクティブシニア」にみる日本語らしさ

日本では新型コロナウイルスの感染拡大が起きて以降、「マスク警察」「3密」「アベノマスク」など、さまざまな流行語が誕生しました。その中でも、特に興味深い言葉の一つが「アクティブシニア」です。

アクティブシニアとは、趣味や仕事、社会貢献などに積極的に取り組み、元気に活動している高齢者のこと。65歳〜74歳の前期高齢者くらいを指すことが多いようです。

この言葉はコロナ禍前から存在しましたが、コロナ禍になってからはニュアンスが変わってきたように思います。例えば、以下は代表的な使用例です。

「若者のせいで感染が広がっているというけど、アクティブシニアにも問題がある」

つまり、「動き回る迷惑な高齢者」という文脈で使われるようになったのです。「おとなしくしていられない高齢者」などと言うとカドが立ちますが、「アクティブシニア」は皮肉がこもりつつもマイルドな表現です。こういう言葉を耳にすると、つくづく日本語は相手に対する配慮で成り立っているのを実感します。

Q 読みはⒶ、Ⓑどっち？

百日紅

Ⓐむくげ　Ⓑさるすべり

「百日紅」は、ミソハギ科の落葉高木。中国原産の観葉植物で、夏に紅、桃、白色の花をつけます。

「幹が滑らかで猿も滑るほど」ということが語源とされ、「猿滑」とも書きます。

百日紅の表記は「百日にわたって咲き続ける」という意味の漢名からきています。

答 Ⓑ さるすべり

濃紫

Ⓐこいむらさき　Ⓑこむらさき

「濃紫」は、黒みを帯びた濃い紫色です。

答 Ⓑ こむらさき

蒲公英

Ⓐタンポポ　Ⓑダリア

「蒲公英」は、キク科の多年草。春になるとキクに似た黄色（または白）の花を咲かせます。

異名である「つづみ草」から、鼓を打つ音の連想で「タンポポ」となったとする説があります。

答 Ⓐ タンポポ

糸瓜

Ⓐへちま　Ⓑいとうり

「糸瓜」は、ウリ科のつる性一年草。夏に黄色の花をつけます。若い果実は食用にされ、熟した果実の果皮と果肉を取り除いた繊維は入浴時の垢すりなどに使われます。また、茎から液を取り、化粧水や咳止め薬にされることもあります。

皮は特に使われないため、「何の役にも立たない」という意味の「へちまの皮」という慣用句があります。一般には「へちま」と読むのが正解です。

答　Ⓐ「へちま」が望ましい

公孫樹

Ⓐいちょう　Ⓑこうそんじゅ

「公孫樹」は、イチョウ科の落葉高木。

葉がカモの脚に似ていることから「鴨脚」と呼ばれ、その中国音「ヤーチャオ」が転じたとされています。

「銀杏」と表記されることがありますが、これはもともと種を指していたのが(銀杏《ぎんなん》)、やがてイチョウそのものを意味するようになりました。ちなみに神社の境内にイチョウの木が多いのは、耐火力に優れているという特徴を持つからです。

答　Ⓐ「いちょう」が望ましい

Q 読みはⒶ、Ⓑどっち？

極彩色

Ⓐきょくさいしき　Ⓑごくさいしき

「極彩色」は、非常に濃厚な色彩、派手でけばけばしい彩りのこと。厚化粧にもいいます。「ごくさいしき」から読みが変化した言葉です。

答 Ⓑ ごくさいしき

庭訓

Ⓐていきん　Ⓑていくん

「庭訓」は家庭教育、家庭の教訓を意味する言葉。孔子の長男である伯魚《はくぎょ》が庭を通ったとき、孔子が呼び止めて詩や礼を学ぶことの大切さを教えたという『論語』の故事に基づきます。

答 Ⓐ ていきん

秋田犬

Ⓐあきたけん　Ⓑあきたいぬ

「秋田犬」は、秋田県産の大型日本犬。忍耐強く穏和な性質を持ち、番犬などにされることが多い犬種です。正式な読み方は「あきたいぬ」。１９３１年に天然記念物に指定されています。

答 Ⓑ 「あきたいぬ」が望ましい

茨城県

Ⓐいばらきけん　Ⓑいばらぎけん

「茨城県」は、関東北東部に位置する県であり、県庁所在地は水戸市です。県名の由来は、崇神《すじん》天皇のとき、茨（うばら、後にいばら）の城（き）を造り、その土地の賊徒を攻め滅ぼしたという伝説など諸説あります。

「いばらぎ」と読むと、地元に愛情のある県民をイラッとさせかねないので、注意しましょう。

答 Ⓐ いばらきけん

山手線

Ⓐやまてせん　Ⓑやまのてせん

山手線は、東京にあるJR線の一つ。本来は品川から新宿を経て田端《たばた》に至る20・6㎞のことですが、田端―東京―品川も含めた環状線全体を指して「山手線」といわれることが多いです。

「やまてせん」でも意味は通じますが、正しくは「やまのてせん」です。

答 Ⓑ「やまのてせん」が望ましい

関西学院大学

Ⓐかんせいがくいんだいがく　Ⓑかんさいがくいんだいがく

「関西学院大学」は、兵庫県西宮市にあるキリスト教系の私立大学です。「かんせい」と読むのは、命名した当時の学生が東京を「とうけい」と漢音読みする風潮にならったからとされます。当時は、漢音読みがクールに聞こえていたようです。

答　Ⓐ　かんせいがくいんだいがく

河豚

Ⓐふぐ　Ⓑいるか

「河豚」は、冬の美味しい高級魚として知られるフグのこと。もともとは「鰒・鯸」などと書いていましたが、江戸期以降に「河豚」も使われるようになったようです。

フグの種類は多いのですが、食用とされる種類は限られています。関西では毒に当たると命に関わることから「鉄砲《てっぽう》」といい、刺身は「てっさ」、ちり鍋を「てっちり」といいます。

答　Ⓐ　ふぐ

7章

変化してきた言葉

この章では、時代の流れとともに意味が変化してきた言葉や言い回しに注目し、現時点で望ましい使い方を解説しています。
慣用的な使い方しか知らなかった人は、本来の使い方を知り、必要に応じて適切に使い分けられるようにしておきましょう。

歴史の謎をひもとく
寸暇を惜しまず〜
汚名挽回
極め付け
足元をすくわれる

これらの言葉は、どう言い直すのがベターでしょうか？
迷ったときには自分で調べる習慣を付けることも大切です。

これは誤用？ 気が置けるメンバーで一杯やりたいですね。

答 誤用 「置く」には「不信、疑い、遠慮などの気持ちをそこにとどめる」という意味があり、「気が置ける」は、緊張したり気詰まりだったりして打ち解けないことを表す言葉。「あの先輩はどうにも気が置ける」などと使います。

「気詰まりでない、遠慮する必要がない」という意味で「気が置ける」を使うのは誤り。逆に「油断できない」という意味で「気が置けない」と使うのも誤りです。

正しくは **気が置けないメンバーで一杯やりたいですね。**

これは誤用？ 真面目な話をしているのに、なぜにやけてるんだ？

答 誤用 「にやける」は、もともと男色の対象となる人を意味する「若気《にやけ》」が動詞化した言葉。男性の服装や物腰が、女性化してなよなよしている様子を表します（『新明解国語辞典』には「男性の服装・物腰などが必要以上に女性化していて、見た人に思わず、なんということかという感じを与える」と書かれています）。声を立てずに薄笑いを浮かべるさまである「にやにやする」と混同しがちなので要注意です。

正しくは **真面目な話をしているのに、なぜにやにやしてるんだ？**

これは誤用？

議論が煮詰《につ》まって、新しいアイデアが一つも出てこない。

答 「行き詰まる」が望ましい

「煮詰まる」は本来、議論や意見などが出尽くして結論を出す段階になることを意味しますが、「行き詰まる・これ以上進まなくなる」の意味で使われるケースもあります。『明鏡国語辞典』では「注意 近年『議論が行き詰まる』の意で使うのは俗用で、本来は誤り』としています。

前者は「議論がまとまる」、後者は「行き詰まる」などと表現したほうがベターです。

これは誤用？

ひとり2万円もするフランス料理は敷居が高い。

答 誤用

「敷居が高い」は、不義理や面目ないことがあるなどの理由で、その人の家に行きにくいという意味の慣用句。「ご無沙汰をしているので、師匠の家に行くのは敷居が高い」などと使います。「敷居」とは、門の内と外を区切るために敷いた横木です。

最近では例文のように「気軽に行きにくい」「近寄りにくい」という意味で使われるようになりつつありますが、本来は間違いです。

正しくは

ひとり2万円もするフランス料理は気軽に行きにくい。

これは誤用？　極め付けの演技を見せてくれた。

答　「極め付き」が望ましい

「極め付き」は、骨董品などに極書《きわめがき》（鑑定書）がついていること。転じて、確かなものとして定評があること。

もともとはポジティブな評価をするときに使いますが、「極め付きの悪人」のようにネガティブな意味で使うこともあります。

「極め付け」とする例もありますが、「極め付き」とするほうがよいでしょう。

言いかえ例　**折り紙付き／お墨付き**

これは誤用？　80歳になりましたが、老体にむち打って毎日仕事をしています。

答　「老骨にむち打って」が望ましい

「老骨にむち打つ」は、年老いた身を励まして努力することのたとえ。高齢の人が謙遜して使う表現であり、若い人が高齢の人に対して使うのは失礼です。「老体にむち打つ」は一般的には使われない言い回しです。

これは誤用？　寸暇を惜しまず勉強しなさい。

答　**「寸暇を惜しんで」が望ましい**

「わずかな暇を取ることももったいないと思う」という意味の慣用表現は「寸暇を惜しむ」。ですが、「骨身を惜しまず」との混同で「寸暇を惜しまず」という言い方もされるようになってきました。

貴重な休憩時間である寸暇を惜しまず……という意味では正しいようにも思えますが、「寸暇を惜しむ」とするのが適切でしょう。

これは誤用？　歴史の謎をひもといていきます。

答　**誤用**　「紐解《ひもと》く」は、書物の帙《ちつ》（書物の損傷を防ぐために包む覆い）の紐を解くこと。転じて、本を読むことを表す言葉です。

「歴史の謎をひもとく」のように、物事を解明するという意味で使ったり、最近では「釣りの世界をひもとくにはピッタリの動画です」のように「入門する」意味で使ったりするのを見かけますが、誤用なので気を付けましょう。

正しくは　**歴史の謎を解明していきます。**

昔と今で意味が変わった言葉①

穿《うが》つ

言葉には、時代とともに本来の意味から変化していくものがあります。

例えば「うがった見方をする」などというときに使われる「穿つ」という言葉。この言葉には、「穴を掘る」「貫く」という意味があります。「点滴（雨垂れ）石を穿つ」という慣用句は、雨垂れが長い年月をかけて石に穴を開けるように、小さな力でも根気よく継続していけば必ず成功するということをたとえた言い回しです。

穿つにはほかにも「普通に知られていない真相や人情の機微などを的確に指摘する」という意味があり「穿ったことを言いますね」などと使います。

本来ポジティブな評価をするときに使う言葉なのですが、近年は「穿った見方をすると、○○という裏があるように思える」など、「疑ってかかるような見方をする」という意味で使う人が増えてきました。

なぜ「穿つ」の意味が変化してきたのか。「物事の本質を捉えているようで実際には事実から離れている」という意味の「穿ち過ぎ」という言葉に影響されたとする説があります。

これは誤用？　過度に保守的で、デジタル化の流れにさおさす社風ですね。

答　誤用　「さおさす」は「棹さす」と表記し、棹を水底に突き立てて、船を進めること。そこから転じて「時流に乗ってうまく立ち回る」という意味で使われる言葉であり、「流れにさおさすように芸能人がインスタで紹介してくれたので大ヒットした」などと言います。最近は時流に逆行するという意味で使われる向きもありますが、誤用です。

正しくは　過度に保守的で、デジタル化の流れに逆行する社風ですね。

これは誤用？　鈴木様はおられますか？

答　正しい　「いる」の尊敬表現としては「いらっしゃる」が一般的ですが、最近は西日本を中心に「おられる」の使用が増えています（『明鏡国語辞典』には「『いる』の尊敬語」と書かれています）。

また、謙譲語である「おる」に尊敬の助動詞「られる」を付けるのは間違いとする主張もあるものの、「おられる」が誤用とまではいえません。

これは誤用？ 彼女は押しも押されぬ大作家です。

答 「押しも押されもしない」が望ましい

「押しも押されもしない」は、実力があって堂々としていること。圧倒されることがないこと。押しても押されてもびくともしない、というニュアンスの言葉です。「押しも押されぬ」は「押すに押されぬ（押しても押せない）」との混同から生じた言葉であり、本来は誤用ですが、古くから慣用的に使われてきました。

例えば織田作之助の『夫婦善哉《めおとぜんざい》』という作品に「（サロン蝶柳は）半年経たぬうちに押しも押されぬ店となった」という一文があります。他にも菊池寛や尾崎士郎などの作家も「押しも押されぬ」を使っています。

これは誤用？ 修学旅行が近づき、生徒たちは浮足立っていた。

答 「そわそわしていた」が望ましい

「浮き足立つ」は、不安や恐怖でそわそわして落ち着かなくなること、逃げ腰になること。「不意を突かれて浮き足立つ」などと使います。例文のように期待が大きくて集中できなくなるという意味で使われつつありますが、ネガティブな文脈で使うほうが無難です。

これは誤用？　次の仕事で汚名挽回してください。

答　「汚名返上」が望ましい

「汚名返上」は、一度受けた不名誉を自分の力で除き去ること。「汚名」は汚された名誉、「返上」は返すことをへりくだっていう言葉です。

「汚名挽回」は「名誉挽回」との混同であり誤用とする説が一般的ですが、必ずしも間違いではないとする見解もあります。前者は「挽回」は取り戻すという意味だから、汚名挽回では「汚名を取り戻す」という意味になってしまうという意見。後者は「劣勢を挽回する」などと同じように「マイナスの状態から立て直す」というニュアンスだから正しいとする意見です。

言いかえ例　**失地回復／名誉回復／名誉挽回**

これは誤用？　信じていた部下に足元をすくわれた。

答　「足をすくわれた」が望ましい

「足をすくう」は相手のすきにつけいり、失敗、敗北させること。最近は「足元をすくわれる」と言うこともありますが、本来は誤りです。

確信犯

「確信犯」は道徳上、宗教上、政治上の信念にもとづいて行われる犯罪。確信犯という概念は、ドイツの法哲学者であるラートブルフが提唱したものです。

確信犯人は、自分の犯罪が法に反していることは理解していますが、最終的に自分が正しいという確信を持っているので、刑罰を科しても改善効果が期待できないとされています。ラートブルフは、確信犯に対して通常の犯罪者とは別に「名誉拘禁」を認めるべきであると主張しました。

ところが現在、確信犯はもっぱら「悪いことであると知りながら、わざと行う行為や発言。また、それを行う人」という意味で使われています。「部長が激怒するのをわかっていて、わざと遅刻してくる。確信犯だね」といった使い方が代表例です。

つまり、確信犯は本来「正しいと信じてする犯罪」だったものが、「悪いと知っていてする犯罪」という意味に変化したということです。現在では後者の使い方が一般的となり、広く浸透しています。

これは誤用？ 学生を青田刈りする傾向が強まっている。

答 「青田買い」が望ましい

「青田買い」は、稲が実る前に収穫量を見越して先買いすること。転じて、企業が翌年卒業する見込みの学生に対して採用期間前に採用内定を出すこと。

「青田」は、稲の苗が青々としている田んぼの意味です。本来は「青田買い」ですが、現在では「青田刈り」の表記も認められているようです（『広辞苑』は「『青田買い』に同じ」としていますが、『明鏡国語辞典』では「誤用（△）」としています）。

これは誤用？ 彼と会うのは同窓会ぶりでした。

答 誤用 「ぶり」は「2年ぶり」「しばらくぶり」のように、時間を表す語に付き、もう一度同じ状態になるまでに経過した時間を表します。「ぶり」の前に最後の時点が来るのは間違った使い方です。

正しくは 彼と会うのは同窓会以来でした。

これは誤用?

預金を切り崩して生活しています。

答 「取り崩す」が望ましい

「取り崩す」は、ためたものを少しずつ取ってなくすこと。「切り崩す」という言葉も見られますが、お金を少しずつ取る場合は「取り崩す」が一般的です。

これは誤用?

お礼だなんて、とんでもございません。

答 正しい

「とんでもない」の丁寧な表現は「とんでもないことです」「とんでもないことでございます」であり、「とんでもありません」「とんでもございません」は間違いとする説もあります。しかし、現在では一般的な言葉づかいとして定着しています（『明鏡国語辞典』では、後者2例を丁寧形として記載しています）。

これは誤用？

古来から伝わるお祭りに参加した。

答 **「古来伝わる」が望ましい**

古来は「昔から今まで」のこと。「古来から」と言うと、同じ意味の言葉が重なった重言となります。「従来」「かねて」も同様です。

これは誤用？

式典が古式豊かに執り行われた。

答 **「古式ゆかしく」が望ましい**

「昔がしのばれて懐かしい」という意味で使われる言葉は「古式ゆかしく」でしたが、近年は「古式豊かに」派も増えてきました。現状では「古式ゆかしく」に言いかえたほうがよいでしょう。

8章

「ことわざ・故事成語」の間違い

日本語は、ユニークなことわざや故事成語の宝庫。ことわざや故事成語の語源を知るのは面白いですし、言葉の成り立ちがわかれば適切な場面で最も相応《ふさわ》しい表現をセレクトできるようになります。

本書の最後となるこの章では、間違いやすいことわざ・故事成語を集めて紹介しています。例えば、以下の言い回しはどう修正すべきでしょうか？

圧観のできばえ
袖振り合うも多少の縁
先輩の努力を他山の石とします
後世恐るべし
下手な考え休むに似たり

ここで正しい言い回しを知り、明日からの会話や文章で積極的に使ってみましょう。

✕ 残念！ 課長のひそみに習って、私も英会話を習得するつもりです。

ここが間違い

「ひそみに倣《なら》う」は、いたずらに人の真似をすること。また、他人の言行を手本にすることを謙遜していうときの言葉です。

「ひそみ（顰み）」は、眉の間にしわを寄せること。中国の春秋時代、越《えつ》の美女である西施《せいし》が胸を患って、咳き込みながら顔をしかめたところ、それを美しいと思った村の女性たちが真似をしたという故事に由来します。

「ならう」を「習う」と書くのは間違いです。

また、自分が他人を手本にするときに使うのはよいですが、「先輩のひそみに倣って彼も読書ノートを付けるようになった」のように、他人の行為について使うと「よしあしを考えずに真似をしている」というニュアンスが伝わり、失礼にあたるので注意が必要です。

〇 正しい日本語 課長のひそみに倣って、私も英会話を習得するつもりです。

残念!

今度の作品は圧観のできばえですね。

ここが間違い

華麗な印象といったイメージから「圧観」を正しいと思うかもしれませんが、誤りです。

「圧巻」は、全体の中で最も優れた部分のこと。

「圧」は上から押さえるという意味で、「巻」は円筒状に巻かれた答案用紙を表します。昔の中国の官吏《かんり》登用試験である「科挙《かきょ》」で、最も優れた受験者の答案を一番上に載せたことが語源です。

円筒状の紙がピラミッド状に高く重なっていて、その一番上に最優秀者の答案用紙を載せる。この絵をイメージできれば「圧観」ではなく、「圧巻」だとわかるでしょう。

正しい日本語

今度の作品は圧巻のできばえですね。

「圧巻」の言いかえ例

出色《しゅっしょく》

✕ 残念！

部長の琴線《きんせん》に触れる発言をして、大激怒させてしまいました。

ここが間違い

「琴線」は文字通り楽器である琴の糸（弦）を指し、人間の心の奥深くにある微妙で感じやすい心情をたとえた言葉。

「琴線に触れる」は、大きな感動や共感を与えるという意味の慣用句であり、部長を大激怒させたという結論と矛盾してしまいます。

ここで相応しい言葉は「逆鱗《げきりん》に触れる」。逆鱗とは、天子（目上の人）の激しい怒りのこと。竜のあごの下には逆さまに生えた鱗《うろこ》があり、人が触れると怒って殺すという『韓非子《かんぴし》』の故事に基づき、天子を竜にたとえてできた言葉です。

なお、目下の人を怒らせたとき、また、自分の怒りについて「逆鱗に触れる」と言うのは誤りです。

「琴線に触れる」を使うなら

部長の退職時のスピーチは、私の琴線に触れる内容でした。

○ 正しい日本語

部長の逆鱗に触れる発言をして、大激怒させてしまいました。

「逆鱗に触れる」の言いかえ例

ひんしゅくを買う／不興《ふきょう》をこうむる

✕ 残念！

先輩の努力を他山の石として、僕も頑張りたいです。

ここが間違い

「他山の石」は、大して役に立ちそうにないものでも、自分の修養の助けとなる言行や出来事。目上の人の言行について、また、手本・模範の意味で使うのは誤りです。

なお、「他山の石」は『詩経《しきょう》』に「他山の石、以《もっ》て玉を攻《おさ》むべし（よその山から出た粗悪な石でも、それを砥石として自分の玉を磨くことができる）」から来た言葉です。

東京に攻玉社という私立男子中学・高校がありますが、この「攻玉（知徳を磨く、の意）」もここから出た言葉です。

「他山の石」を使うなら

彼のミスを他山の石としなければなりません。

○ 正しい日本語

先輩の努力を模範として、僕も頑張りたいです。

「模範」の言いかえ例

手本／範／鑑《かがみ》

微妙

「微妙」という言葉を辞書で引くと、2つの意味が解説されています。1つ目は、美しさや味わいが何とも言えず優れていること。

そして2つ目は、物事の状態などが、はっきりと言い表せないほど細かく複雑なこと。また、どちらとも断定できないさま、という意味です。例えば「2つの絵画には微妙な違いがあります」「明日出社できるかは微妙な状況です」といった使い方をします。

ところが、近年は若者を中心に何かの感想を述べるときに「微妙（ビミョー）」という答えが返ってくることが多くなってきました。

この「微妙」には「どちらと断定することもできない」というよりも「あまりよいと思わない」というネガティブなニュアンスが含まれています。あえて言い換えると「うーん、イマイチ」「ちょっとナシだね」という感じでしょうか。否定的な評価をあからさまに口にするのははばかられるので、オブラートに包むための言葉といえるでしょう。

✕ 残念！

国敗れて山河あり、の思いに駆られた。

ここが間違い

「やぶれて」は「破壊されて」の意味であり、「敗れて」と書くのは誤りです。

正しくは「国破れて山河あり」であり、戦乱により国は滅びてしまったが、山も川も昔のままの姿を残している、という感慨の言葉です。

安禄山《あんろくざん》の乱に巻き込まれた詩人の杜甫《とほ》は、陥落した長安の都で春を迎え、そのときの感慨を「春望《しゅんぼう》」という詩に残しました。その冒頭に「国破れて山河在り、城《しろ》春にして草木《そうもく》深し」とあるのが語源です。

松尾芭蕉は『奥の細道』で「国破れて山河あり、城春にして草青みたり」と記しています。

ちなみに、国が破壊されたのは戦乱が原因であり、自然災害の被害を指して「国破れて〜」と書くのは相応しくありません。

○ 正しい日本語

国破れて山河あり、の思いに駆られた。

✕ 残念！

こんなに動けるなんて、さすがは腐っても鯛《たい》ですね。

ここが間違い

「腐っても鯛」とは、もともと優れた価値を持つものは、多少傷んでもそれなりの価値があるということのたとえ。日本で鯛は「めでたい」の語呂合わせから縁起のよい魚としてお祝いの宴席に欠かせない存在でした。

実際に鯛の身には高度不飽和脂肪酸が少なく、時間が経っても味が落ちにくい特徴があります。しかし、相手をほめる意図で本人に向かって直接口にすると失礼にあたります。

似た表現に「痩せても枯れても武士は武士」、反対の表現に「麒麟《きりん》も老いては駑馬《どば》（足の遅い馬の意）に劣る」があります。

「腐っても鯛」を使うなら

昔のスターが久しぶりにテレビで歌うのを見たけど、高齢なのに腐っても鯛の歌声だった。

○ 正しい日本語

こんなに動けるなんて、さすがは昔取った杵柄《きねづか》ですね。

「昔取った杵柄」の言いかえ例

衰え知らず

✕ 残念！

若いのに抜群に人心掌握がうまい。後世恐るべしだ。

ここが間違い

後から生まれた人を意味する「後生」なので、後の時代を意味する「後世」は間違いです。

「後生《こうせい》畏《おそ》るべし」は、若い人は計り知れない可能性を秘めているからおそれなければならない、という意味の慣用句。

『論語』に「後生畏るべし。焉《いずくん》ぞ来者《らいしゃ》の今に如《し》かざるを知らんや。四十五十にして聞こゆること無きは、斯《こ》れ亦《また》畏るるに足らざるのみ（若者こそ畏敬すべきである。未来の人間が現在の人間に及ばないなどとどうしてわかるのだろうか。四十五十になっても何の名声も持たないような人間は畏敬する必要がないのだ）」とあるのに基づきます。

なお、「畏る」は「畏れる」の文語形であり「畏れ敬う」の意味です。「おそろしい」という意味ではありません。

○ 正しい日本語

若いのに抜群に人心掌握がうまい。後生畏るべしだ。

✕ 残念！

若い選手が圧倒的な点差で、ベテラン選手に印籠《いんろう》を渡した。

ここが間違い

音がよく似ていますが、「印籠を渡す」ではなく、「最終的な宣告をする」という意味の「引導《いんどう》を渡す」が正解です。

「引導」は仏教用語であり、迷っている人や魂を仏の道に導くこと。また、葬儀で僧侶が法話をとなえて死者を浄土に導くことも意味しており、そこから転じて「引導を渡す」という慣用句が生まれました。あくまでも「最終宣告」の意味であり、厳しく忠告するときには使いません。

なお「印籠」は、薬を入れて腰に下げる小型の容器。もともとは中国から伝わり、印判・印肉を入れるものであったことから、この名がつきました。

〇 正しい日本語

若い選手が圧倒的な点差で、ベテラン選手に引導を渡した。

「引導を渡す」の言いかえ例 最終宣告をする

✕ 残念！

もはやこれまで。矢折れ刀尽きるとはこのことだ。

ここが間違い

「刀折れ矢尽きる」は、戦う手段が完全になくなること、物事を続ける手段がなくなること。

異民族の羌《きょう》が、後漢の段熲《だんけい》を攻めたとき、段熲が馬から下りて大いに戦ったため、正午になると刀が折れ矢種《やだね》（箙《えびら》などに入れてあり、すぐ射ることのできる矢）も尽き、羌が退却したという故事（『後漢書』）に基づく慣用句です。

刀が折れて矢種が尽きる、なので「矢折れ刀尽きる」「刀尽き矢折れる」は間違いです（考えてみれば、刀は「尽きる」とあえていうほど、何本も持ってはいません）。

〇 正しい日本語

もはやこれまで。刀折れ矢尽きるとはこのことだ。

■「刀折れ矢尽きる」の言いかえ例■

事ここに至る
万策尽きる
万事休す
弓折れ矢尽きる

断る

「断る」という言葉は、もともと「事」を「割る」から来ていて、物事の筋道をはっきりさせる。また、筋道を立てて説明するという意味で使われてきました。『源氏物語』には、「とりどりにことわりて、中の品《しな》にぞ置くべき」
（それぞれに判断して、中流階級に位置づけるのがよい）
という文章があります。

そして現在、断るという語は「そのオファーはお断りします」のように、要求や依頼、提案などに応じられないという意志を明らかにすること、拒否すること、辞退することを意味するようになっています。類語には「拒む」「退ける」「はねつける」「突っぱねる」などがあります。

また、後々相手に影響を与えることについて、前もって知らせて了解を取る、という意味で使われることもあります。「使用に際しての断り書きを、よく読んでおいてください」「休憩を取るなら、一言断ってからにしてください」などと使います。

✕残念！

破天荒なふるまいで家臣をやきもきさせた武将だった。

ここが間違い

「破天荒」は、今まで誰もなし得なかったことをすること。「前代未聞《ぜんだいみもん》」「未曽有《みぞう》」などとも言いかえられます。

中国の唐代、荊州《けいしゅう》からは科挙（官吏登用試験）の合格者が出なかったため、「天荒（未開の地の意）」と呼ばれていた。その後、劉蛻《りゅうぜい》という人物が初めて合格したとき、人々が「天荒を破った」と言ったという故事に基づきます。

近年は「無鉄砲、奔放《ほんぽう》、豪快、暴走ぎみ」といった意味で使うケースが見られますが、誤用です。

「破天荒」を使うなら　宇宙旅行を事業化するとは破天荒ですね。

○正しい日本語

型破りなふるまいで家臣をやきもきさせた武将だった。

✕ 残念！ わが家は一姫二太郎の3人きょうだいです。

ここが間違い

「一姫二太郎」とは、子どもを持つには、最初は女の子、次に男の子が生まれるのがよいということ。「1人の女の子と2人の男の子」と解するのは間違いです。

この一姫二太郎は、一般に女の子のほうが育てやすいといわれることからできた言葉とされます。また、男の子の誕生を望んでいたのに、最初に女の子が生まれた人への慰めの言葉として使われたともいわれます。

なぜ男の子が望まれたかというと、明治31年に制定された旧民法では、長男を唯一の相続人とする「家督相続」が前提となっていたからです。

今の時代、慰めのニュアンスで「一姫二太郎」を使うのは余計なお世話という感じがします。

〇 正しい日本語 わが家は一姫二太郎の2人きょうだいです。

✕ 残念！

新人の中でいちばんの期待株と、烙印《らくいん》を押された。

ここが間違い

「烙印」は、昔、刑罰として罪人の額などに押した金属製の焼き印のこと。そこから「烙印を押される」は「消すことができない汚名を受ける」という意味となりました。ネガティブな評価をするときの表現であり、新人が期待株であるという文脈にふさわしくありません。

「太鼓判《たいこばん》を押す」は「太鼓のように大きな判を押す」ことから「絶対に確実であることを保証する」を表す慣用句です。

「烙印」を使うなら　上司から、無能だという烙印を押された。

○ 正しい日本語

新人の中でいちばんの期待株と、太鼓判を押された。

✕ 残念！

下手《へた》な考え休むに似たり、これ以上考えても時間のムダだよ。

ここが間違い

正しくは「下手の考え休むに似たり」。よい考えもないのにいくら考えても、時間のムダで何の効果もないことを表します。

囲碁や将棋で実力のない人が長考してもほとんど無意味であることから生まれたことわざであり、「下手」は下手な人を意味します。「下手な人の考えはムダ」ということなので、「下手の」とするのが正解です。

○ 正しい日本語

下手の考え休むに似たり、これ以上考えても時間のムダだよ。

■「下手の考え休むに似たり」の言いかえ例■

下手の考え休むに如《し》かず

✕ 残念！

情けは人のためならずというから、手助けするのはやめておこう。

ここが間違い

「情けは人のためならず」は、人に親切にしておけば、相手のためになるだけでなく、やがてめぐりめぐって自分にもよい報いがある、という意味の格言です。

「人のためならず」は「人のためではなく自分のため」という意味であり、「相手を甘やかすのは、その人のためにならない」と解釈するのは誤りです。

「情けは人のためならず」を使うなら

情けは人のためならずというから、他人に親切にすると、きっといいことがあるよ。

○ 正しい日本語

甘やかしてもその人のためにならないから、手助けするのはやめておこう。

やばい

「やばい」という言葉は危ない、危険であることを表します。これは危険なさまを意味する「やば」という言葉が形容詞化した言葉であり、もともとは、香具師《やし》や盗人などが官憲に追われて捕まりそうになったときに仲間内で使う隠語だったものが一般にまで広がったとされています。

そして現在では、「明日テストなのに全然勉強していない。やばい」のように、自分に不都合となること全般について表す便利な言葉として定着しています。

さらに、少し前から若者を中心に普及したのが、プラスの意味で「やばい」という用法です。例を挙げると「このラーメン、やばい（美味しい）！」といった使われ方です。「やばいうまい！」という使い方も生まれました。

若者は「やばい」を状況に応じて使い分けています。例えば「やべー奴」というのはマイナスの意味です。短く「やばっ」と言われることも多いですが、もともとの「やば」に戻ってきたようでもあるのが面白いところです。

✖残念!

重責すぎて、私では役不足です。

ここが間違い

「役不足」は、その人の力量と比べて与えられた役割が軽すぎること。「毎日雑用ばかりさせるなんて、彼女には役不足です」のように使います。自分の力不足を謙遜するときに使うのは誤りです。

〇正しい日本語

重責すぎて、私では力不足です。

✖残念!

三日とあけず訪れる熱心な営業マンだ。

ここが間違い

正しくは「三日にあげず」。間を置かずに、たびたび、を意味する慣用句です。「三日」は、三日間ではなく「三日坊主」などと同様に「短期間」の意味で使われていて、「あげず」は切り上げずという意味です。「三日とあけず」「三日にあけず」「三日もあげず」「三日であげず」いずれも間違いです。

〇正しい日本語

三日にあげず訪れる熱心な営業マンだ。

✕ 残念！

今年入社した社員に、餞《はなむけ》の言葉を贈ります。

ここが間違い

「餞」は、旅立ちや門出を祝って贈る金品や詩歌、挨拶の言葉のこと。「馬の鼻向け」を略した言葉であり、昔、旅立つ人が乗る馬の鼻を目的地に向けて、道中の安全を祈願したことが語源です。新入社員に贈るのは間違いです。

「餞」を使うなら　卒業生に餞の言葉を贈った。

〇 正しい日本語

今年入社した社員に、お祝いの言葉を贈ります。

✕ 残念！

二人は同窓会で20年ぶりに会い、焼けぼっ栗に火がついたみたいだ。

ここが間違い

正しくは「焼けぼっくいに火がつく」。以前に関係があって一度縁が切れていたものが、再び元の関係に戻ることであり、多くの場合、男女関係に使われます。「ぼっくい」は棒杭の「ぼうくい」が変化したもの。一度焼けて炭化した杭は火がつきやすいことに由来する言葉です。

〇 正しい日本語

二人は同窓会で20年ぶりに会い、焼けぼっくいに火がついたみたいだ。

✕ 残念！

枯木も山のにぎわい、部長もぜひお越しください。

ここが間違い

「枯れ木も山のにぎわい」は、つまらないものでも無いよりはましなたとえ。さみしすぎるはげ山も、枯れ木があれば少しは見た目を補えるというニュアンスの言葉であり、部長に向かって口にするのは失礼です。

〇 正しい日本語

錦上《きんじょう》花を添える、部長もぜひお越しください。

✕ 残念！

門前払いで取り付く暇がない。

ここが間違い

正しくは「取り付く島がない」であり、頼りにしてとりすがる手がかりがないことを表します。

〇 正しい日本語

門前払いで取り付く島がない。

言いかえ例

にべもない

✕ 残念！

袖振り合うも多少の縁、どうぞよろしくお願いします。

ここが間違い

ちょっとした縁というニュアンスで「多少の縁」と間違えがちですが、正しくは「多生の縁」。「袖振り合うも多生の縁」は、袖が触れ合うようなちょっとした関わりも前世からの宿縁による、という意味のことわざです。

「多生」は、六道（すべての衆生が生前の業《ごう》によって生死を繰り返す六つの迷いの世界）を輪廻《りんね》して何度も生まれ変わること。「多生の縁」とは、前世で結ばれた因縁を指します。

多生は「他生」とも表記します。

○ 正しい日本語

袖振り合うも多生（他生）の縁、どうぞよろしくお願いします。

おわりに

日本語の誤用表現や正しい使い方について、テーマごとに紹介してきました。楽しんでいただけたでしょうか。

大人になると、言葉づかいを間違えたときに指摘してくれる人は、あまりいなくなります。私も、他人の言葉の間違いについて「違いますよ！」と指摘するのは控えるようにしています。

というのも、言葉の間違いを指摘すると、相手との関係が非常にぎこちなくなってしまうからです。

東大に在学していたとき、授業中に先生がテキストの漢字を読み間違えていることがありました。遡《さかのぼ》るを「よみがえる」と繰り返していたのです。授業内容が高度だっただけに気になり、授業が終わった後で先生のところに行き、こう言いました。

「あのー、もしかして『よみがえる』と読まれていたのは『さかのぼる』ではないでしょうか」

先生は途端に、ばつの悪そうな顔になり、二人の間に気まずい空気が流れました。「言わなければよかった」と思いました。

よかれと思って指摘したのですが、どうも不評だったようです。「文は人なり」と言いますが、文とは言葉ですから、「言葉は人なり」とも言えるわけです。

教養豊かな人格者でも、たった一つの間違いで長年築き上げてきたものが揺らぐような、そんな不安や不快感を、指摘された側は持ってしまうのでしょう。人に間違いを上手に指摘するのは、大変に難しいことなのです。

同時に私が学んだのは、「指摘されていなくても、誰でも、もちろん自分も間違っていることが多々あるはずだ」ということです。

「べつに指摘されたことないから、私は大丈夫」ではないわけです。

それから何十年かたち、私も間違えて指摘されたことがあります。

先日、オンライン授業中に、「全体として」という意味で「おしなべて」と言おうとして、つい口が滑り「すべからく」と言ってしまいました。

すると一人の学生からすぐにチャットで、「すべからくは『〜すべし』と結びついて、当然そうあるべきという意味で使う言葉です」と指摘を受けました。

自分の学生時代を思い出し、「ああ、なるほど。あのときの先生は、こういう気分だったんだな」と思うとともに、「わかっているつもりでも間違えてしまうことってあるんだな」と身が引き締まる機会になりました。


相手の間違いを直接指摘するのではなく、さりげなく正しい言葉で言い直し、相手にそれとなく気づかせるくらいがちょうどいいです。相手が「それ、的を得てるね」と言っていたら、「たしかに的を射たコメントだね」と穏やかに言うイメージです。

誰でも、間違った言葉を使ってしまうことはあります。他人の間違いを見聞きした場合は、寛容な気持ちで、あまりギスギスしないで、お互いのミスをフォローし合うようなチームワークの意識で、常に修正していくのがよいのではないかと思っています。

私自身は、言葉に関してはあまり厳密に、「これが正しい、これは間違っている」とやりすぎるのはよくないという考え方をしています。

例えば「早っ！」「やばっ！」「高っ！」といった、小さい「っ」が入る短い言葉が、頻繁に使われるようになってきています。

「早い」の「い」が抜けて短くなっているわけですが、私は言葉の効率化、省エネという法則にのっとった流れであると考えています。

そもそも、「早い！」と「早っ！」は、ニュアンスが違う言葉です。「思っていたよりも早かった」という驚きをダイレクトに表しているのが「早っ！」です。

そういう意味では、新しい、正しい言葉が生まれているとも言えます。言葉というのは、自然増殖的にどんどん生まれて、どんどん廃れて消えていく。その中で残るものもある。いわば生物のようなものです。

だからあまり厳密に、これはダメだ、この言い方はけしからん、ということで斬りすぎると、言葉の生命力を失わせると思います。

いっぽう、「的を得る」には、大した生命力を感じないわけですね、ただ間違っている。新しい可能性を拓いているわけではないので、ただ恥ずかしく、信頼を傷つけるだけになってしまうのです。

とはいえ、先ほどもふれたように誰しも間違いはあります。

例えば「過料」と「科料」という言葉があります。コロナ禍で指示に従わないと「かりょう」(罰金)を課せられる。「過」は行政的な罰、「科」は刑事罰ですから、ちょっと違うのです。音も文脈も似ている。文字が違うだけで行政罰か刑事罰かが違ってくる。たった1字の違いで変わってくるということが、日本語には多々あります。

間違えないためだけでなく、「あ、そうなのか、面白いもんだな、同じような意味かと思っていたけど1文字違うだけで違うんだな、法律用語っていうのは厳密なもんなんだな」

と感じていただけると、日本語をより楽しめるのではないでしょうか。
人からの評価を下げるようなミスは避けるように学び続けながらも、必要以上に肩肘張らず、豊かさを楽しもうというポジティブな攻めの姿勢で、日本語を使いこなしていただければと思っています。

この本が形になるに当たっては、渡辺稔大さんと、青春出版社の村松基宏さんに大きな御助力を頂きました。ありがとうございました。

齋藤 孝

本書は青春新書インテリジェンスのために書き下ろされたものです

青春新書
INTELLIGENCE

こころ涌き立つ「知」の冒険

いまを生きる

"青春新書"は昭和三一年に——若い日に常にあなたの心の友として、その糧となり実になる多様な知恵が、生きる指標として勇気と力になり、すぐに役立つ——をモットーに創刊された。

そして昭和三八年、新しい時代の気運の中で、新書"プレイブックス"にその役目のバトンを渡した。「人生を自由自在に活動《プレイ》する」のキャッチコピーのもと——すべてのうっ積を吹きとばし、自由闊達な活動力を培養し、勇気と自信を生み出す最も楽しいシリーズ——となった。

いまや、私たちはバブル経済崩壊後の混沌とした価値観のただ中にいる。その価値観は常に未曾有の変貌を見せ、社会は少子高齢化し、地球規模の環境問題等は解決の兆しを見せない。私たちはあらゆる不安と懐疑に対峙している。

本シリーズ"青春新書インテリジェンス"はまさに、この時代の欲求によってプレイブックスから分化・刊行された。それは即ち、「心の中に自らの青春の輝きを失わない旺盛な知力、活力への欲求」に他ならない。応えるべきキャッチコピーは「こころ涌き立つ"知"の冒険」である。

予測のつかない時代にあって、一人ひとりの足元を照らし出すシリーズでありたいと願う。青春出版社は本年創業五〇周年を迎えた。これはひとえに長年に亘る多くの読者の熱いご支持の賜物である。社員一同深く感謝し、より一層世の中に希望と勇気の明るい光を放つ書籍を出版すべく、鋭意志すものである。

平成一七年

刊行者　小澤源太郎

著者紹介

齋藤　孝〈さいとう たかし〉

1960年静岡県生まれ。東京大学法学部卒業後、同大大学院教育学研究科博士課程等を経て、明治大学文学部教授。専門は教育学、身体論、コミュニケーション論。ベストセラー作家、文化人として多くのメディアに登場。著書に『ネット断ち』『人生は「2周目」からがおもしろい』『何のために本を読むのか』(青春新書インテリジェンス)、『声に出して読みたい日本語』(草思社)、『語彙力こそが教養である』(KADOKAWA)等がある。著書発行部数は1000万部を超える。NHK Eテレ「にほんごであそぼ」総合指導を務める。

常識《じょうしき》として知《し》っておきたい日本語《にほんご》ノート　青春新書 INTELLIGENCE

2021年9月15日　第1刷
2021年10月15日　第2刷

著者　齋《さい》藤《とう》　孝《たかし》

発行者　小澤源太郎

責任編集　株式会社プライム涌光

電話　編集部　03(3203)2850

発行所　東京都新宿区若松町12番1号 〒162-0056　株式会社青春出版社

電話　営業部　03(3207)1916　振替番号　00190-7-98602

印刷・中央精版印刷　製本・ナショナル製本

ISBN978-4-413-04631-2